A Música Hoje

Coleção Debates
Dirigida por J. Guinsburg

Equipe de Realização – Tradução: Reginaldo de Carvalho e Mary Amazonas
Leite de Barros; Revisão técnica: J. Jota de Moraes e M. Lucia Machado;
Produção: Ricardo W. Neves e Sergio Kon.

pierre boulez
A MÚSICA HOJE

PERSPECTIVA

Título do original
Darmstädter Beiträge zur Neuen Musik

Copyright 1963 by SCHOTT'S SÖHNE, Mainz

Dados Internacionais de Catalogação na Publicação (CIP)
(Câmara Brasileira do Livro, SP, Brasil)

Boulez, Pierre, 1925- .
A música hoje / Pierre Boulez ; [tradução
Reginaldo de Carvalho e Mary Amazonas Leite de
Barros]. -- São Paulo : Perspectiva, 2017. --
(Debates ; 55 / dirigida por J. Guinsberg)

Título original: Darmstädter Beiträge zur Neuen
Musik
5ª reimpr. da 3. ed. de 1986.
Bibliografia
ISBN 978-85-273-0289-0

1. Música - Século 20 - História e crítica
I. Guinsburg, J. II. Título. III. Série.

07-7839   CDD-780.904

Índices para catálogo sistemático:
1. Música : Século 20 : História e crítica   780.904
2. Século 20 : Música : História e crítica   780.904

3ª edição – 5ª reimpressão
[PPD]

Direitos reservados em língua portuguesa à
EDITORA PERSPECTIVA LTDA.

Av. Brigadeiro Luís Antônio, 3025
01401-000 – São Paulo – SP – Brasil
Telefax: (0--11) 3885-8388
www.editoraperspectiva.com.br
2019

SUMÁRIO

De mim para mim 7

I. Considerações Gerais 13

II. Técnica musical 33

    Quanto ao espaço 82

    Inventário e repertório 98

    Termo provisório 142

Biografia 145

Musicografia 147

Discografia 148

DE MIM PARA MIM

— *O músico, quando tem a intenção de se entregar a uma introspecção analítica, é sempre suspeito.*

— *Concordo; costuma-se considerar a reflexão sob o prisma etéreo das especulações "poéticas", posição prudente, pensando bem.*

— *Ela tem a grande vantagem de permanecer no vago e se embalar com algumas fórmulas comprovadas. As baixas tarefas técnicas não são tidas como dignas de figurar nos salões elegantes; devem permanecer modestamente, na copa e ninguém deixa de nos censurar a incongruência quando nos vem o desejo de adotar a atitude contrária.*

— *De fato, tem havido alguns exageros, confesse: tem-se dedicado, por vezes, mais tempo do que se deveria à copa; mostram-nos as contas de gás, de luz, sei lá... Todas as faturas são aí passadas generosamente! Isto não resolve muito a questão! Quem poderá, aliás, se gabar de resolvê-la um dia?*

— *Contudo, não ficaria bem se você não o constatasse; geralmente recusamo-nos à introspecção tanto do lado de "chez Guermantes"... onde o regime matrimonial dos sons é regulamentado segundo uma tradição social intocável, como do lado de "chez Swann" (onde o amor livre é de rigor entre as notas). O que demonstra, afinal, uma desconfiança na inteligência, bastante sintomática, dos dois lados. Deverei citar. Baudelaire?*

— *Ele não o impedirá.*

— *Certamente... Escute: "Lamento os poetas guiados apenas pelo instinto; julgo-os incompletos... É impossível que um poeta não contenha um crítico". Ouça ainda!*

— *Outra vez Baudelaire?*

— *"Eu quero iluminar as coisas com meu espírito e projetar seu reflexo sobre os outros espíritos." Continue a escutar!*

— *Sempre Baudelaire?*

— *"A finalidade divina é a infalibilidade na produção poética." É claro, podemos brincar durante muito tempo com as citações....*

— *Às vezes, quem perde ganha!*

— *Mas, enfim, será que não temos o direito de ter em alta conta sua opinião...*

— *Ele provou seu mérito, não é verdade?*

— *... especialmente quando ele se recusa a confundir poesia com "pastagem da razão", "embriaguez do coração"? Quando exige uma metáfora "matematicamente exata"? ... Bem, fechemos Baudelaire!*

— *Nenhuma garantia jamais poderá justificar o que quer que seja...*

— *Eu não o tomei como garantia; encontro nele o dom de escrever superior ao meu: ele formulou a exigência fundamental melhor do que eu espero fazê-lo com palavras.*

— *Ah! A modéstia... Este pecado capital!*

— *Você acreditou em uma profissão de fé? De caráter pessoal? É bom que eu o desengane.*

— *De novo a modéstia...*

— *Você me julga o porta-voz, o porta-estandarte...*

— *Que orgia de metáforas militares! Não vai dizer também "... da vanguarda"?*

— *... de uma escola?*

— *Esta escola é tida por muitos como uma aberração!*

— *Como? Deixe-me fazer mais uma citação!*

— *Julga-a muito indispensável?*

— *Quero mostrar minha cultura! Eis o texto: "A respeito deste assunto gostaria de pedir-lhe que observasse uma coisa: quando um sentimento é abraçado por várias pessoas eruditas, não devemos, de modo algum, fazer a esmo objeções que pareçam destruí-lo, quando elas são facilmente previsíveis, pois devemos crer que aqueles que o sustentam já o perceberam e que sendo facilmente descobertas eles já encontraram a sua solução pois persistem pensando o que pensavam". Quem defendeu esta opinião irônica e taxativa?*

— *Polêmica pura!*

— *Polêmica? É muito pouco... Pascal* scripsit.

— *Ele falava de ciência e de "pessoas eruditas"...*

— *Seria restringir singularmente o pensamento de Pascal querer circunscrevê-lo a este caso particular. Não existem, por acaso, mil maneiras de ser "erudito"?*

— *Voltemos à "escola".*

— *Eu não o conseguiria!*

— *Esta palavra o fere?*

— *Acho-a derrisória. Há algo de merceeiro em querer classificar tudo em escolas; esta distribuição em prateleiras, com etiquetas e preços, denota, sobretudo, um abuso de autoridade, de direito, de confiança, em suma, de tudo o que você queira!*

— *As divergências de personalidade o induzirão, entretanto, a constatar...*

— *Infelizmente! Elas me levam a constatar isto: que as forças vivas da criação são maciçamente levadas na mesma direção.*

— *Você é de uma parcialidade ultrajante!*

— *Admitamos. A crítica deve ser apaixonada para ser exata. Que me importa o sentimento de tal coletor de destroços? Minha opinião vale mil vezes mais do que a sua; é ela que será conservada.*

— *Toda discussão é francamente impossível!*

— *Tanto quanto me é impossível crer nesta loja onde as "tendências" são repertoriadas para maior glória da tolerância. Eu me vanglorio de ser antidiletante, soberanamente.*

— *Ah! Eis uma reminiscência desconcertante!*

— *Antidiletante?*

— *Não se esqueça de que ele desconfiava, esse senhor de "cabeça seca e breve", das variações brilhantes com ares de "você se enganou, porque você não faz como eu"...*

— *Sim, mas meu caso é diferente...*

— *... e que ele tentava "ver, através das obras, os movimentos múltiplos que as fizeram nascer e o que elas contêm de vida interior". Ele achava que isto "não tinha o mesmo interesse que o desmontá-las como curiosos relógios".*

— *É preciso também saber fabricar relógios para dá-los como alimentos aos* bricoleurs* *da desmontagem! De resto, Monsieur Croche** tinha certo dom para as formas ambíguas. Que você acha desta entre outras: "É preciso procurar a disciplina na liberdade"...? Se existem dois termos antinômicos são exatamente disciplina e liberdade!*

— *Monsieur Croche quer brilhar, fazer paradoxos, exibir sua desenvoltura.*

— *Tenho a impressão de que você está ofendendo sua memória. De passagem, devo dizer-lhe que não acredito nas escolas, pois estou persuadido de que uma linguagem é uma herança coletiva, que devemos tratar de fazer evoluir e que esta evolução segue um sentido bem determinado; mas que podem existir correntes la-*

(*) A palavra *bricoleur* é praticamente intraduzível. Parece-nos que o A. utiliza este termo com o propósito de ironizar, de uma forma extremamente sutil, o fato de uma construção minuciosa como que feita para a atividade do crítico. Lembremos que, quanto mais bem estruturada uma obra, mais fácil é o trabalho de desmontagem e dissecação da mesma. Tudo leva a crer que o A. está pensando na oposição *bricoleur/savant* aceita por Lévi-Strauss e Roland Barthes, embora nada esteja explícito no texto. (N. do T.)

(**) Senhor Colcheia, Pseudônimo com que Debussy assinava seus artigos. (N. do T.)

terais, produzirem-se deslizamentos, rupturas, atrasos, recuperações...

— *Pare! Você se perde em uma "corrente" de palavras perigosas que me justificariam sem muito esforço.*

— *Sem muito esforço? Pois sim! Seria preciso para isto que eu aceitasse como dinheiro batido mal--entendidos acumulados (consciente ou inconscientemente) por historiadores da música. Eles se entregaram amarrados de pés e mãos ao culto do herói! A reação foi natural: não se pode mais falar senão de "necessidade inelutável da linguagem", de "leis intransgressíveis da evolução". Como se a continuidade histórica não tivesse de ser "revelada" pela personalidade excepcional!*

— *Você está pois, seguro de que nenhuma "personalidade excepcional" surgirá fora dos dados históricos implícitos num período determinado?*

— *O nascimento de Atená, de certa maneira? A menos que você ache mais sedutor o de Afrodite?*

— *Vamos, seja mais reservado! Depois de sua "revelação", eu esperava já as línguas de fogo...*

— *Deixemos a mitologia, e convenhamos que você teria muita dificuldade em encontrar esse bloco errático — "caído de um desastre obscuro"? — que não fosse "condicionado" por seu meio, como se diz. De resto, você sabe que os historiadores e estetas, com três penadas, podem ligar tudo e qualquer coisa a qualquer coisa. Estes sutis raciocínios são a substância fundamental de inúmeros opúsculos... Pois bem! Façamos abstração dos sofistas! Eu lhe provarei que este "condicionamento" não é, para mim, um tabu. Retomarei quase por minha própria conta: "O entusiasmo do meio me estraga um artista, tanto medo eu tenho de que ele se torne, em conseqüência disto, senão a expressão de seu meio".*

— *Outra citação?*

— *Adivinhe!*

— *Baudelaire, talvez? O dandy Baudelaire?*

— *Não, Croche, o antidiletante. Já que voltamos a ele, retomo sua fórmula: "É preciso procurar a disciplina na liberdade", e eu replico que não se pode encontrar a liberdade senão pela disciplina!*

— *Quem sabe não estaria ele totalmente de acordo com você? Quem sabe ele não lhe abriria seu sorriso "longo e insuportável"?*

— *Pior para mim! Eu ficaria desolado; mas nós vivemos a uns cinqüenta anos de distância...*

— *O "condicionamento", em suma!*

— *Perfeitamente! A situação está longe de ser semelhante, é preciso reagir de outro modo: a intuição se aplica a objetivos diferentes. É necessário para isto mostrar algumas contas de gás e de luz, desmontar alguns relógios...*

— *Problemas de consciência? Que vertigem lhe deu? Sou eu que lhe devo dar coragem?*

— *Coragem? Nada disso! Quanto à vertigem... Devo confessá-lo: a linha de crista é tão estreita que, por vezes, avançamos colocando um pé diante do outro. Como é difícil ser livre e disciplinado!*

— *A melancolia o vence, bem como o auto-enternecimento! Continue assim um pouco mais e você me levará a compartilhar de suas opiniões, até das mais extremadas. Seu escrúpulo aumenta os meus e eu quase me censuro por tê-lo considerado sectário...*

— *Não tenha medo! Sou bastante sectário para não temer a vertigem.*

— *Recuperação! Você vem à tona! e volta a parecer-me terrivelmente suspeito!*

— *O que lhe dizia eu: "O músico"...*

1. CONSIDERAÇÕES GERAIS

Pensando na soma dos mais importantes estudos e artigos aparecidos nos últimos dez anos, podemos, *grosso modo*, dividi-los em duas categorias: os que se propõem um balanço crítico da época precedente em suas fases diferentes, sob seus diversos aspectos — segundo as personalidades criadoras, os desenvolvimentos de conjunto, as descobertas de detalhe; os que se prendem a um ponto particular do desenvolvimento atual, à descrição de uma obra recente, à justificação de um trabalho em curso. Não considero como significativos certos apanhados da situação presente que já se diziam "históricos" e que se assemelham, ao mesmo tempo, a reportagens jornalísticas, distribuição de prêmios e

"Carta do Terno" (*Carte du Tendre*)*; a "tagarelice tática" de onde surgem tais exposições não pode causar ilusão, nem suprir a fraqueza de pensamentos e a falta total de estudos sérios a partir dos textos. Além disso, só poderíamos entender como "recitais poéticos" de atores amadores as confissões públicas do velho perfume Dada, "O alter Duft aus Maerchenzeit", onde um humor, que pretendia ser radical, se rebaixa ao espírito de caixeiro-viajante e à autobiografia exibicionista; a matéria é magra, a maneira diletante: nenhum circo contrataria estes pálidos palhaços. Na melhor das hipóteses são às vezes refrigerantes... *coca-cola is good for you!*

A maior parte dos estudos sobre o período imediatamente precedente são de um interesse sustentado por duas razões: a escolha do objeto analisado e a análise propriamente dita. Já em diversas ocasiões, observei que uma análise só teria interesse verdadeiro na medida em que fosse ativa e só poderia ser frutífera em função das deduções e conseqüências para o futuro.

É conveniente aqui precisar meus pontos de vista para evitar todo e qualquer mal-entendido sobre o método e a função analíticas. Temos assistido, aqui e ali, a uma abundante messe de análises ou menos absurdas que, sob diversos pretextos — fenomenologia, estatística... — chegaram a uma degradação, a uma caricatura deploráveis. As análises ditas "contábeis" chegavam quase a desconsiderar o objeto que se propunham como alvo de um estudo exaustivo. O mesmo ocorre, mais recentemente, com essas investigações à base de estatística e de informação, que chegam a contar os frutos de uma árvore, ou a descrevê-los sem levar em consideração a própria árvore e ignorando impavidamente o processo de fecundação. Estamos saturados desses imensos quadros com símbolos derrisórios, espelhos de nada, horários fictícios de trens que jamais partirão! Constata-se a existência dos fenômenos sem dar-lhes explicação coerente, mas ficamos totalmente impossibilitados de deduzir dessa verificação outra coisa que não periodicidades evidentes ou irregularidades não menos evidentes, isto é, os mais elemen-

(*) O autor faz referência a um tratado que data do Preciosismo (séc. XVII) em França, que é um verdadeiro mapa geográfico romanesco, onde se nota um gosto acentuado pela análise psicológica. A *Carte de Tendre* é extraída da *Clélia*, de Mlle de Scudéry. (N. do T.)

tares perfis. Há, igualmente, — mas só falo de memória — uma forma de paráfrase que consiste em transcrever graficamente os símbolos anotados de uma partitura. Isto é apenas a transposição sumária de desultados já circunscritos por meio de um simbolismo mais aperfeiçoado; da obra à sua descrição, observa-se, por conseguinte, um enfraquecimento notório: não se poderia aceitar como meio de investigação uma diligência que não chega sequer a levar em consideração as estruturas estudadas, tão minuciosamente quanto sua notação original; esta mania gráfica transforma-se, facilmente, na prática de analfabeto. Produz-se, ainda, uma confusão entre a exposição das estruturas resultantes obtidas por um conjunto determinado de processos de engendramento ou de combinação, e a investigação pressuposta pelo estudo real dos processos propriamente ditos, do conjunto de seus caracteres: efeitos e causas são alegremente intercambiados. A exposição de tais estruturas pode ser vista bem melhor, com perspicácia mesmo, quando apresentada clara e inteligentemente; não deixa de ser verdade que, se nos limitarmos a isso, ficaremos bem longe de um verdadeiro método analítico. Constatar e descrever são quando muito apenas um limiar.

Na melhor das hipóteses, encontramo-nos diante de um "cálculo" dos acontecimentos musicais: ora, cálculo e pensamento não se deixam reduzir a uma mesma operação. Como proceder então? Devemos encontrar as reflexões do autor, as vias que o conduziram de uma idéia geral talvez bastante vaga — pela procura e aplicação dos meios apropriados, de um método adequado — até chegar a uma forma perfeitamente determinada? Não me parece, absolutamente, que, a não ser que se quisesse estudar a própria psicologia do autor-no-momento-de-compor, essa espécie de abordagem seja muito proveitosa; ela tem, além disso, a desvantagem — se ouso dizer — de circunscrever firmemente a obra nos limites da imaginação criadora desse autor: cerceamento paralisante, pois continua a ser primordial, a meu ver, salvaguardar o potencial de desconhecido encerrado numa obra-prima. Continuo persuadido de que o autor, por mais perspicaz que seja, não pode conceber as conseqüências — próximas ou longínquas — do que ele escreveu, e que sua óptica não é forçosamente mais aguda que a do analista (tal como o entendo). Certos procedimentos, resultados, maneiras de inventar, que lhe tinham parecido primordiais quando os descobriu, envelhecerão ou continuarão a ser puramente pessoais; e ele terá considerado como dispensáveis ou como detalhes secundários visões de conjunto que se revelarão, tardiamente, de importância capital. É um grave dano confundir o valor da obra, ou sua novidade imediata, com seu eventual poder de fertilizar.

Para concluir, vamos definir o que julgamos ser os constituintes indispensáveis de um método analítico ativo: deve-se partir de uma observação tão minuciosa e exata quanto possível dos fatos musicais que nos são propostos; em seguida, deve-se encontrar um esquema, uma lei de organização interna que dê conta, com o máximo de coerência, destes fatos; vem, enfim, a interpretação das leis de composição deduzidas dessa aplicação particular. Todas estas etapas são necessárias; seria entregar-se a um trabalho de técnico inteiramente secundário não prosseguir até a etapa capital: a *interpretação* das estruturas; a partir daí, e daí somente, poderemos nos certificar de que a obra foi assimilada e compreendida. Seria ilusão, por incidência, querer procurar aí apenas cauções, uma justificativa — em si inútil.

O autor não passa pois de um pretexto, certamente? Michel Butor, no fim de seu ensaio sobre Baudelaire, responde definitivamente a esta objeção. "Alguns, escreve, julgarão talvez que, desejando falar de Baudelaire, só consegui falar de mim mesmo. Seria melhor certamente dizer que Baudelaire é que falava de mim. *Ele fala de você.*" Se interrogarmos com perseverança, ou veemência e convicção, os mestres de uma época precedente, tornamo-nos seu intermediário para que eles possam dar-nos sua resposta: eles falam de nós por nós.

É, pois, a evolução, o devir de nosso próprio pensamento que vimos, bem ou mal, se inscrever em estudos que se propunham, sobretudo, perscrutar um passado próximo. No centro destas "explorações" coloca-se, bem evidente, Webern, que apareceu muito cedo como o ponto de referência capital que permite definir sua própria personalidade; os comentários webernianos são inumeráveis, eles só foram úteis na medida em que

16

extraíram as linhas de força do período atual: série considerada como uma repartição hierárquica, importância do intervalo e das proporções de intervalos, papel do cromatismo e dos sons complementares, estruturas combinadas das diferentes características do fenômeno sonoro.

Naturalmente, nesta primeira categoria de estudos, encontramos uma clara tendência a "generalizar", pois é relativamente fácil integrar o caso particular no contexto histórico; nas descrições do desenvolvimento atual, em compensação, tem-se certamente subestimado o fato de que dar — pouco a pouco — uma visão de conjunto sobre a evolução da linguagem e do pensamento era pelo menos tão importante quanto entrar no detalhe das diversas descobertas morfológicas ou sintáticas. E, certamente, quando se vive, dia a dia, sua experiência criadora, é difícil, para não dizer impossível por vezes, afastar suas preocupações diretas, imediatas, para fazer, com o distanciamento necessário, uma crítica clarividente, com lucidez e intransigência, dos resultados em curso.

Quando está empenhado numa obra em devir, não há nenhuma dúvida de que o compositor forja ele próprio uma psicologia de infalibilidade a curto prazo; sem esta bússola provisória — "eu tenho toda a razão" — ele hesitaria em se aventurar por terras virgens. Este reflexo é um reflexo sadio, permitir-lhe-á chegar ao extremo do périplo imprevisto que ele deve cumprir antes de terminar seu trabalho. Entretanto, em sua trajetória, é-lhe indispensável calcular as distâncias percorridas, tirar suas coordenadas, em suma, certificar-se de que não se desvia do seu objetivo. Não pretendo absolutamente insinuar que o resultado final exige uma perfeita identificação com o objetivo inicial — tem-se a intenção de fazer um retrato e chega-se à conclusão de ter realizado uma natureza-morta. (Henry Miller descreveu saborosamente a gênese de uma obra-prima na novela intitulada *Trago um Anjo de Filigrana*. Eu gostaria ao menos de citar: "Podereis dizer: — Esta obra-prima é um acidente — e é bem verdade. Mas o *Salmo* 23 também é. Todo nascimento é milagroso e inspirado. O que aparece agora diante dos meus olhos é o fruto de inumeráveis erros, recuos, rasuras, hesitações; é, também, o resultado da certeza"; e: "O

17

mundo do real e da falsificação está atrás de nós, nós lhe voltamos as costas. Do tangível, nós tiramos o intangível.") O importante consiste em verificar se todas as bifurcações, as incidências e os retornos estão integrados no contexto: a adoção de um resultado por uma fração determinada não chega a se justificar somente por sua atualidade, sua colocação oportuna — este resultado pode, ao contrário, mascarar a verdadeira solução, ou ainda romper a coesão interna, desmantelar a lógica de coordenação, recusando integrar-se no todo; há, por vezes, antinomia básica entre estrutura global e estruturas parciais: ainda que as segundas tenham sido "previstas" como subordinadas à primeira, elas adquirem — por seu agenciamento particular — uma autonomia de existência, verdadeira força centrífuga. (Nós voltaremos a este fenômeno, quando nos aprofundarmos nos problemas da forma.) O mesmo sucede, paralelamente, com as reflexões e os estudos sobre os diferentes campos da evolução atual, se não se toma o cuidado de verificar os resultados obtidos num pelas pesquisas operadas nos outros.

Segundo esse ponto de vista, a música atual, se resolveu perfeitamente o problema de sua paternidade, está longe de dar lugar a uma síntese geral: segundo a época, temos nos fixado, hipnotizado, neste problema, ou naquele caso particular. Pode-se, praticamente, "datar" inúmeras partituras — epigonais, certamente — segundo o caráter das preocupações que *sofrem,* das tentações a que cedem, dos frenesis que as possuem; teme-se que isto seja como uma onda coletiva que tenha arrastado essas diversas fixações. Epidemias temíveis e regulares: houve o ano das séries cifradas, o dos timores novamente introduzidos no uso corrente, o dos tempos coordenados; houve o ano estereofônico, o ano das ações; houve o ano do acaso; já se pode prever o ano do informal: a expressão fará fortuna! Que não se pense que estou interessado em uma polêmica fácil demais de conduzir, pois os argumentos superabundam, assim como os talentos servis e minoritários. Pôr esta razão, não a iniciarei; limito-me a constatar que toda coletividade, sobretudo quando é restrita, como uma coletividade de compositores, engendra seus fetichismos mutáveis: número, grandes números, espaço, papel, grafismo (grafitos, inclusive), (não-psicologia, informação, ação — por conseguinte, reação! —, talvez, por que não, que se dirá disso...

Temos o tempo suficiente de comparar a mentalidade de uma coletividade de epígonos desse tipo à das tribos "primitivas": mesmos reflexos com referência aos fetiches de nossa preferência. Conta-se que, em certas tribos da África, se o ídolo adotado não prestou os serviços que dele se esperavam, é surrado, mutilado e finalmente jogado no lixo, coberto de escarros e injúria e um outro é procurado, eventualmente mais benéfico. A tribo dos epígonos não age de outro modo: ela se precipita com voracidade sobre um meio determinado, cujas origens e necessidade não perceberá, evidentemente, pois que o isola de todo pensamento condutor lógico; ela fará dele aplicações padronizadas, e, tendo rapidamente esgotado seus encantos aparentes, incapaz que se vê de se apoderar do seu rigor interno, precisa encontrar um novo balão de oxigênio, custe o que custar: o formigueiro espera o choque que o vai enlouquecer e colocá-lo em desordem. Convenhamos que uma tal prática (dita cruamente) surge do bordel de idéias mais que da composição.

Foi útil, talvez, que esses fetichismos ganhassem livre curso, pois tiveram o mérito de esclarecer a situação; não é, absolutamente, por paradoxo que o escrevo. Um período como o nosso terá conhecido sua mais rápida expansão, considerando a maior facilidade de difusão; mas "o epigonismo", por assim dizer, não é um fato particularmente notável pela novidade: é mesmo um mal necessário; ele aguça a atenção mais depressa e com menos gastos para o obsoletismo de certos procedimentos, a não-validade de certos raciocínios — demonstração *ab absurdo;* ele previne e mantém em vigília toda consciência criadora que tende a se ofuscar diante das novas maravilhas encontradas, a se deixar cair na armadilha narcisista dos espelhos que ela fabrica para si. O "epigonismo" pode ser considerado como a crítica mais aguda, ainda que — ou porque — involutária; aproveitando as lições que disto se podem tirar, não haveria motivo em se irritar com isto. Do mesmo modo, o domínio criador não cessou de se enriquecer com resultados para os quais ele concorre negativamente. Entretanto, se é preciso ver as coisas de frente, eu afirmo que todos esses diversos fetichismos provêm

19

de uma falta profunda de intelectualismo. Esta afirmação parecerá estranha, pois em geral julga-se a música de nossos dias hiperintelectual; eu posso, ao contrário, constatar, sob numerosos aspectos, uma regressão mental certa: de minha parte, estou longe de admiti-lo. O choque tem um poder cujas virtudes se esgotam rapidamente; a sensação se embota, o deslumbramento se dissipa, deixando uma irritação certa, de ter sido "trapaceado". Quem emprega sumariamente a estereofonia encontra as delícias do Cinerama; o que corresponde a conformar-se a uma idéia bem pouco sublime do espaço, anedótica. O espaço não se identifica absolutamente com este autódromo sonoro ao qual se tem a tendência de reduzi-lo; o espaço seria antes potencial de distribuição polifônica, índice de repartição de estruturas. O erro vem, muito provavelmente, do fato de se confundir movimento com meio de "transporte". Quem faz uso do ruído sem apelo a uma hierarquização, chega igualmente ao anedótico, mesmo involuntariamente, por referência à realidade. O que dizíamos acima sobre a relação da estrutura principal com as estruturas secundárias, se aplica com exatidão ao caso do ruído — e das associações que ele desperta com a realidade. Todo objeto sonoro, se indica afinidades demasiado evidentes com um ruído relacionado com a vida corrente — (ou a mais atual: mecânicas, motoras, etc. — providência inesperada de espíritos tão sagazes que confundem o "modernismo" do pensamento musical com o "maquinismo" da civilização contemporânea), todo objeto desta natureza, por sua referência à anedota, isola-se *absolutamente* do contexto em que se situa; não poderá de modo nenhum integrar-se à hierarquia da composição que exige seres suficientemente flexíveis para subordiná-los ao seu propósito, suficientemente neutros para que a aparência de suas características seja suscetível de se modificar segundo as funções renovadas que os localizarão e ordenarão. Todo elemento alusivo rompe com a dialética forma-morfologia, torna problemática a relação das estruturas parciais e das estruturas globais pelo aparecimento de incompatibilidades irredutíveis.

Disto tudo, retenho, primeiramente, a anedota: a lição dos surrealistas — em sentido contrário — não pareceria ainda inteiramente compreendida.

"O mais simples ato surrealista, escreve André Breton no *Segundo Manifesto do Surrealismo* (1930), consiste em sair à rua, de revólver em punho, e em atirar ao acaso, tanto quanto pudermos, na multidão." Mas ele acrescenta, em nota: "Sim, eu fico inquieto em saber se um ser é dotado de violência antes de perguntar se neste ser a violência *compõe* ou *não compõe.*"; e, mais adiante, na mesma nota: "Este ato que eu chamo o mais simples, é claro que minha intenção não é recomendá-lo dentre todos porque é simples, e comprar briga a este respeito significa perguntar burguesmente a todo não-conformista por que ele não se suicida." Esta atitude quase não variou nos últimos trinta anos: há muita agitação e parlamentação até encontrar as perguntas essenciais; então procura-se evitá-las como uma incongruência: "burguesmente" deve-nos bastar como resposta — é bem superficial! Assim, não veremos jamais o mais *simples* concerto: do palco "atirar ao acaso tanto quanto pudermos" sobre a multidão dos ouvintes, dar-lhes a ouvir o ruído supremo — este concerto ainda não se realizou, talvez por simples mal-entendido entre atores e espectadores; em local e lugar, maltratar-se-ão bravos instrumentos que não têm culpa nenhuma: magra compensação esta de recolher as últimas confidências das tampas de piano sadicamente torturadas ou os gemidos eólios das harpas que se castigam alegremente. Em lugar de um ato fundamental, absoluto, será preciso nos contentar com anedotas de choque.

A história gagueja, ela caduca; vejamos: "Nós não amamos nem a arte nem os artistas" (Vaché, 1918); "Chega de pintores, chega de literatos, chega de musicistas, chega de escultores, chega de religiões, chega de republicanos, chega de monarquistas, chega de imperialistas, chega de anarquistas, chega de socialistas, chega de bolcheviques, chega de políticos, chega de proletários, chega de democratas, chega de burgueses, chega de aristocratas, chega de exércitos, chega de polícia, chega de pátrias, enfim, basta a todas essas imbecilidades, nada mais, nada mais, nada, NADA, NADA, NADA" (Aragon, 1920.) Mas, em 1928 no *Traité du Style,* o próprio Aragon já tinha replicado: "É assim que todo mundo se pôs a pensar que nada vale a pena, que dois e dois não são necessariamente quatro,

21

que a arte não tem nenhuma importância, que é bastante feio ser literato, que o silêncio é de ouro. Banalidades que se colocam, doravante, no lugar das flores em torno do chapéu.". . . "Não há um só pequeno-burguês imundo que ainda assoa o nariz nas anáguas da senhora sua mãe que não se ponha a admirar as pinturas idiotas.". . . "Matem-se ou não se matem. Mas não arrastem sobre o mundo suas lesmas de agonia, suas carcaças antecipadas, não deixem aparecer em seu bolso essa coronha de revólver que atrai irresistivelmente o chute no traseiro." Neste joguinho de citações podemos ainda nos divertir um bocado; resumamos: é suficiente deslocar algumas palavras para que estas frases se apliquem perfeitamente a certas excrescências e bolores de hoje. Os músicos sempre tiveram, na sua província, algum atraso sobre as revoluções de outrem: em música, Dada ainda tem prestígios (e ingenuidades) que ele perdeu por toda parte, algures há muito tempo; seus leves biombos escondem, aconteça o que acontecer, a amável miséria do diletantismo cor-de-rosa. Nós aprendemos, com Nietzsche, que Deus está morto, depois, com Dada, que a Arte está morta; nós o sabemos muito convenientemente; não há ainda nenhuma necessidade de regredir ao dilúvio e querer — a qualquer preço — refazer escolarmente demonstrações que foram brilhantes. Ser-nos-ia preciso o palito de Jarry para limpar esta estrebaria-miniatura.

Será que eu não estou obscurecendo um pouco — mas tão pouco a situação? Cada vez mais, parece-me, confundiu-se escolha na ação, decisão diante de uma pluralidade de realizações com uma libertinagem para com a matéria musical: libertinagem não é liberdade. A libertinagem, várias vezes, confunde-se com a monotonia. O desvio mental se deixa facilmente analisar: uma simples degradação da concepção o exprime; a partir da rigidez absoluta e rigorosa do esquema, concedeu-se, primeiramente, uma margem de erro, impedimento puramente material no caminho da perfeição ideal; depois, consentiu-se em um coeficiente de erro imprevisto que se pretendeu, pouco depois, imprevisível; como o processo acentuasse continuamente seus desgastes contagiosos, o esquema propriamente dito viu-se corrompido: ele terminou por ser, intrinsecamente, imprevisto — verdadeiro jogo de cartas sem figuras a que faltam as regras de jogo, tal como a famosa "faca sem lâmina, à qual falta o cabo", de Lichtenberg. Um gesto acidental sobre um esquema de encontro quase não possui chances arquitetônicas...

Compreende-se, aliás, muito bem como a situação foi levada a evoluir neste sentido preciso. Quando começamos a generalizar a série para todos os componentes do fenômeno sonoro, nós nos atiramos de corpo inteiro — ou melhor de ponta-cabeça — nos números, abarcando atabalhoadamente matemática e aritmética elementar; a teoria das permutações que a música serial usa não é uma matéria científica muito complexa; basta reler Pascal para se convencer disto, e levar em consideração que nossos cálculos e sistemas se resumem em especulações bem modestas — sua ambição é limitada a um objeto preciso. Finalmente, de tanto pré-organizar o material, de "pré-constrangê-lo", desembocara-se no absurdo total: numerosas tabelas de distribuição necessitavam de tabelas de correção, em número mais ou menos equivalente, de onde resultaria uma *balística* da nota; para acertar, era preciso retificar! As diferentes grades de partida se aplicavam, com efeito, a um material "ideal" ("meu paletó também se tornava ideal"), sem se importar com as contingências — com as baixas tarefas — seja qual for sua natureza, pois as organizações rítmicas ignoram as relações métricas realizáveis, as estruturas de timbre desdenham os registros e a dinâmica dos instrumentos, os princípios dinâmicos não levam em conta os achados e as máscaras, os conjuntos de altura não querem saber dos problemas harmônicos ou dos limites de tessitura. Cada sistema, cuidadosamente centralizado em si mesmo, não podia suportar os outros, realizar-se com eles, a não ser em miraculosas coincidências. Além disso, as obras deste período manifestam uma extrema rigidez em todos os domínios da escrita; os elementos esquecidos na distribuição das grades pelo compositor e sua varinha mágica, no nascimento da obra, resistem, de maneira veemente, à ordem estranha, hostil, que lhes é imposta; vingam-se à sua moda: a obra não chega a se organizar segundo uma coerência probatória, ela soa mal; sua agressividade não é sempre deliberada.

Encerrada nesta rede de opressões, seria difícil não se sentir um joguete da lei dos grandes números;

23

finalmente, toda escolha não tinha senão uma importância relativa, chegando tão-somente a cortar uma fatia de acaso. Essa tentativa poder-se-ia chamá-la de uma transferência para os números; o compositor fugia de sua responsabilidade na escolha, a determinação, para transferi-la a uma organização numérica, bem incapaz disto; ao mesmo tempo ele se sentia maltratado por uma organização dessa natureza, no sentido de que ela o fazia depender de um absurdo constrangedor.

Que reação manifestar diante desta situação extrema? De duas maneiras, muito exatamente: ou fazer estalar o sistema do interior, não pedindo aos números senão o que eles podem nos dar — isto é, muito pouco — ou então evitar as dificuldades pela libertinagem, justificando-se por considerações psicológicas e parapsicológicas, em suma, bastante banais. O segundo caminho seria, bem entendido, o mais tentador, pois exigiria apenas um mínimo de esforços e de imaginação.

O diletantismo era aí justificado sob um novo pretexto, por uma espécie de pacto, de contrato renovado com a preguiça mental e a inconsistência intelectual. Desse modo, remendavam-se os mitos mais degenerados de um romantismo barato: restauravam, com efeito, a primazia da "fantasia", da "inspiração"; deixavam-se arrastar, absorver, engolir pelo acontecimento, pela revelação. Que estranho paradoxo! Esta eclosão de "liberdade" encobre a mesma ideologia dos piores desprezadores da expressão contemporânea! Mesmo o intérprete, este monstro sagrado, emerge e refloresce em seu destino pítico de interpretar os obscuros desígnios (ou desenhos) das divindades do Parnasso, do Olimpo, diria, se me atrevesse. Oráculos, oráculos! Mãos e pincéis... Eu desenho, você adivinha... nós imaginamos... (resumo desta arte poética *clarosa**).

Sufocando nas prisões fechadas do *número,* arrojaram-se para o exterior, na primeira ocasião propícia, e então TUDO se tornou permitido, inclusive o mais tolo e o mais vulgar exibicionismo! Pensavam escapar assim à simples *realidade?* E que significaram esta permissão geral, estas grandes férias do pensamento, senão, ainda agora, a fuga diante da responsabilidade? Tinha-

---

(*) Neologismo do autor: *clarteux,* que traduzimos por *clarosa.* (N. do T.)

-se confiado num aspecto da lei dos grandes números, e repousava-se num outro aspecto desta mesma lei. Que outra modificação senão a aparente? O processo mental é da mesma qualidade, quando segue a direção categoricamente inversa. Deve-se, ao contrário, retomar fortemente nas mãos seu dispositivo intelectual para reduzi-lo à submissão e arrastá-lo a criar uma nova lógica das relações sonoras. É preciso, a um montão de especulações, opor *a* especulação.

As especulações parciais com vistas a uma realização determinada são, certamente, indispensáveis; experimenta-se a necessidade de circunscrever, às vezes, muito estreitamente, a dificuldade a superar, o problema a resolver. Existe uma realidade terrivelmente presente e premente, cujo fim só se alcança ao abordá-la por um ângulo extremamente preciso; pois a escrita propriamente dita nos deixa diante de casos particulares para os quais a tradição — tão longínqua quanto imediata — não poderia nos dar sequer um indício de solução, ela nos deixa desprovidos de astúcias; trata-se não somente de questões morfológicas, mas igualmente de problemas de estruturas, de grandes formas. Está assegurado que a nova aplicação do material nos arrasta para longe das soluções habituais. As funções "harmônicas", por exemplo, não poderiam ser encaradas doravante como funções permanentes; os fenômenos de tensão-distensão não se colocam, absolutamente, nos mesmos termos que antes e, sobretudo, em termos fixos e peremptórios; a tessitura, em particular, aí desempenha um papel determinante. As relações verticais são concebidas como material direto de trabalho, como intermediário na elaboração de objetos complexos, ou ainda como supervisão do trabalho sobre objetos complexos; nos três casos, não se poderá tratar a dimensão vertical com a mesma técnica, tendo cada uma suas exigências próprias, exigindo leis de organização derivadas, certamente, de uma lei primeira, mas organicamente específica. Da mesma maneira, as funções horizontais têm apenas poucos vínculos diretos com as antigas leis contrapontistas; o controle dos encontros não observa as mesmas relações, a responsabilidade de um som em relação a outro se estabelece segundo convenções de distribuição, de repartição. Assim como para as relações verticais, pode-se dividi-las em três grupos: de ponto a ponto, de conjunto de pontos a conjunto de pontos, enfim, relações entre os conjuntos de conjuntos. A figuração propriamente dita, atendendo ao princípio de variação, não poderia mais reter as fórmulas clássicas de engendramento canônico; o rigor de dependência destas figuras entre si obedece a outros critérios de transformação segundo uma dissimetria muito elaborada. Junto destas duas dimensões clássicas da polifonia, existe, daqui por diante, uma espécie de dimensão diagonal, cujas características participam, num grau variável, de cada uma dentre elas. Independentemente de toda dimensão, os intervalos entre elas se desenvolvem num meio cuja coerência é assegurada por princípios cromáticos de complementaridade (sendo o termo *cromáticos* tomado em sua acepção mais geral, não restrita de modo algum somente aos semitons). As leis segundo as quais se organizam as estruturas de durações não têm, absolutamente, mais nada a ver com a métrica clássica, a não ser o fato de que elas podem se basear num tempo "pulsado" igual — simples caso particular. O tempo possui, como as alturas, estas três dimensões: horizontal, vertical, diagonal; a distribuição procede igualmente por pontos, conjuntos, conjuntos de conjuntos; estas organizações não são obrigatoriamente paralelas às das alturas; ele serve, enfim, de liame entre as diferentes dimensões relativas às próprias alturas pois o vertical é tão-somente o tempo zero do horizontal — progressão do sucessivo ao simultâneo. Em conseqüência desta morfologia, as estruturas locais e as estruturas globais — responsáveis pela forma — não obedecem mais a leis permanentes. Ademais existe uma maneira irredutivelmente nova de conceber as grandes formas: homogeneidade ou não de seus diferentes componentes, causalidade ou *isolamento* dos diversos instantes, fixidez ou relatividade na ordem de sucessão, na hierarquia da classificação, virtualidade ou realidade das relações formais... Tornaremos a falar do assunto com mais minúcias, quando o abordarmos deste ponto de vista ainda pouco explorado.

As especulações parciais sobre os assuntos que acabamos de enumerar eram necessárias, justificadas; sem elas, nenhum dos diferentes planos do organismo sonoro teria podido evoluir utilmente. Elas levam diretamente à especulação geral, sobre a qual deve-se, obrigatoriamente, desembocar se não se quer ficar no domínio das bugigangas da moda. Eu compreendo perfeitamente ainda uma vez que as especulações parciais dos verdadeiros temperamentos criadores se distinguem, fundamentalmente, das "especulações" — no sentido financeiro da palavra — dos epígonos; estas não poderiam integrar-se ao que quer que seja, porque se comparam a "truques" mágicos para exorcizar as perguntas essenciais e furtar-se às respostas de verdade; aos meus olhos, elas não fazem parte definitivamente da evolução e da formação do pensamento musical contemporâneo, elas dependem, quando muito, da *pata-lógica*. Entretanto, mesmo que elas se apliquem à realidade musical, as especulações parciais não devem desviar-se para o absurdo, enveredando pelo perigoso caminho do sofisma; nada é mais enganador, e mais falso, que uma dedução precoce ou mal conduzida, apesar do aspecto de evidência que consegue revestir: sucessão de silogismos, facilmente redutíveis a protótipos demasiado conhecidos — a aberração conscientemente organizada, de uma soberba fraqueza. As especulações, para guardar sua validade, devem se integrar num *conjunto sistematizado;* então, por sua contribuição a este edifício teórico, elas acham sua verdadeira razão de ser, e tenderão por si mesmas à *generalidade,* fim essencial *da* especulação. Este sistema coerente, é imperioso promovê-lo, no momento: ele dará impulso ao desenvolvimento futuro do pensamento musical, e o colocará alerta contra desvios ou hipertrofias inúteis, e mesmo forçadas. A franqueza de certos encaminhamentos de pensamento observados até o presente momento é precisamente esta: não se chegou ao fim da especulação parcial; daí certas contradições persistentes e redibitórias. Deve-se superá-las para validar totalmente, sem falha, a reflexão musical contemporânea.

A palavra "lógica", empregada mais acima, convida-me a fazer comparações. Quando se estuda, sobre as novas estruturas (do pensamento lógico, da matemática, da teoria física...), o pensamento dos matemáticos ou dos físicos de nossa época, mede-se, seguramente, o imenso caminho que os músicos devem ainda percorrer antes de chegar à coesão de uma síntese geral. Nossos métodos empíricos aliás não favorecem absolutamente um caminho coletivo que conduza a esta síntese.

É preciso, pois, no que diz respeito ao domínio musical, rever severamente certas posições, e retomar os problemas em sua base para deduzir daí as conseqüências necessárias; não nos hipnotizemos com este ou aquele caso particular, esta anedota, aquele acontecimento: corremos o maior risco de chegar a uma hierarquia às avessas entre um sistema de base e suas deduções, resultados e conseqüências. Tomemos um exemplo atual (abordaremos alguns outros à medida que formos vendo os capítulos seguintes): se nos fixarmos, *de saída*, na noção de ação imediata, de reação instantânea — de impulso estimulado (espécie de "escrita automática" no gesto e sua função, desencadeada por ordem por informações precisas, mas imprevistas), deturpa-se totalmente esta noção adotada empiricamente; devemos encontrar um sistema que engendre necessariamente estas "provocações", estes *estímulos*, e não absolutamente escrever "provocações" e *estímulos*, segundo uma certa "disposição", onde uma lógica de fachada não poderia, em qualquer circunstância, assumir funções de engendramento, portanto *organizar* a ação. Ordenar (no duplo sentido da palavra) o desenvolvimento de um certo conjunto de gestos — metodicamente, empiricamente ou pela intervenção do acaso — não é, de forma alguma, dar-lhe a coerência de uma forma. O máximo que eu poderia fazer seria citar, nesse sentido, estas frases de Louis Rougier sobre o método axiomático, que podem servir de epígrafe à nossa série de estudos: "O método axiomático permite construir teorias puramente formais que são redes de relações, tabelas de deduções já prontas. Por conseguinte, uma mesma forma pode se aplicar a diversas matérias, a conjuntos de objetos de natureza diferente, com a única condição de que estes objetos respeitem entre si as mesmas relações que as enunciadas entre os símbolos não definidos da teoria". Parece-me que tal enunciado é básico para o pensamento musical atual. Notemos, particularmente, o último incidente.

Assim se encontra colocada a questão fundámental: fundar sistemas musicais sobre critérios exclusivamente musicais — e não passar, por exemplo, de símbolos numéricos, gráficos ou psicofisiológicos a uma codificação musical (espécie de transcrição) sem que haja a menor *noção* comum de uma aos outros. O geômetra

Pasch escreve, por exemplo: "Se a geometria quer tornar-se uma ciência dedutiva, é preciso que seus procedimentos de raciocínio sejam independentes da significação das noções geométricas, assim como são independentes das figuras; só as relações impostas a estas noções pelos postulados e pelas definições devem intervir na dedução". É conveniente escolher um certo número de *noções primitivas* em relação direta com o fenômeno sonoro — e com ele só —, enunciar, em seguida, postulados "que devem aparecer como simples relações lógicas entre estas noções, e isto independentemente da significação que se lhes atribui". — Isto posto, deve-se acrescentar que esta condição de noções primitivas não é restritiva, pois, diz Rougier, "há um número ilimitado de sistemas equivalentes de noções e de proposições que se pode escolher como primeiras, sem que nenhuma *se imponha por direitos inatos*". "Assim, prossegue ele, um raciocínio deve sempre ser independente dos objetos sobre os quais se raciocina." O perigo que nos ameaça está claramente enunciado: ao fundamentar-se quase unicamente sobre o "sentido concreto, empírico ou intuitivo das noções escolhidas como primeiras", somos arrastados a erros fundamentais de concepção. Escolher as noções primitivas em função de suas especificidades e de suas relações lógicas aparece como a primeira reforma a ser levada imediatamente à desordem atual.

Aos que objetarem que, partindo do fenômeno concreto, obedecem à natureza, às leis da natureza, responderei, sempre segundo Rougier, que: "damos o nome de leis da natureza às fórmulas que simbolizam as rotinas que a experiência revela". Ele acrescenta, por outro lado: "É uma linguagem puramente antropomórfica, pois a regularidade e a simplicidade das leis só são verdadeiras numa primeira aproximação, e acontece freqüentemente que as leis degeneram e se desvanecem com uma aproximação mais intensa". Léon Brillouin insiste e precisa: "É um abuso de confiança falar das *leis da natureza* como se estas leis existissem na ausência do homem. A natureza é completa demais para que nosso espírito possa abarcá-la. Isolamos fragmentos, observamo-los e imaginamos *modelos* representativos (bastante simples para o emprego)", ele lembra "o papel essencial da imaginação *hu-*

mana na invenção" — e não absolutamente a descoberta — "e a formulação" destas famosas leis. É o mesmo que dizer, para voltar ao nosso domínio próprio, que a era de Rameau e de seus princípios "naturais" está definitivamente abolida, sem que devêssemos, para isto, cessar de procurar e de imaginar os *modelos representativos* dos quais fala L. Brillouin.

Seria útil, antes de começar pormenorizadamente o estudo do pensamento musical atual, lembrar que princípios lógicos se deve respeitar, se não os mal-entendidos se instalam, e em abundância — temos disso exemplos recentes; entre tantos outros, a confusão entre acaso puro e relatividade no universo dos sons e das formas, enquanto que estas duas noções, longe de se subentenderem, não obedecem, em nenhum momento, às mesmas leis estruturais.

Esta palavra-chave estrutura nos convida a uma conclusão — ainda segundo Rougier — que pode igualmente se aplicar à música: "O que podemos conhecer do mundo é sua estrutura, não sua essência. Nós o pensamos em termos de relações, de funções, não de substâncias e de acidentes". Assim deveríamos fazer: não partamos absolutamente das "substâncias e dos acidentes" da música, mas pensemos nela "em termos de relações, de funções".

Temo, depois desta declaração, que me tratem de "abstrato absoluto", e que me acusem de esquecer, de tanto falar em estruturas, o conteúdo propriamente musical da obra a ser escrita. Creio que existe também aí um mal-entendido a ser levantado. Assim como o afirma o sociólogo Lévi-Strauss, a propósito da linguagem propriamente dita, estou persuadido de que em música não existe oposição entre forma e conteúdo, que não há "de um lado, o abstrato, do outro, o concreto". Forma e conteúdo são da mesma natureza, passíveis da mesma análise. "O conteúdo, explica Lévi-Strauss, extrai sua realidade de sua estrutura, e o que se chama forma é a estruturação (*mise en structure*) das estruturas locais[1] em que consiste o conteúdo." Além disso é

---

(1) Lembremos, claramente, de que por estruturação (*mise en structure*) não se pode entender uma simples "adição" destas estruturas locais, pois "uma forma", como o escreve Paul Guillaume, "é *outra* coisa ou alguma coisa *a mais* do que a soma de suas partes."

30

preciso que estas estruturas se submetam aos princípios de lógica formal que enunciamos mais acima.

Quero, para terminar, acentuar o fato de que os capítulos seguintes não mais adotarão, voluntariamente, um tom polêmico: ele estaria deslocado no caso. Talvez se considerem acerbos certos parágrafos desta introdução; provavelmente indignar-se-ão com o anonimato na alusão: nomes! Nomes? Jesus ou Barrabás? É uma pergunta que deixarei sem resposta, espelho que estendo conscientemente a personagens cuja ingenuidade e suficiência fazem um amável coquetel com seu amadorismo e seu arrivismo; que eles possam mergulhar na contemplação de sua própria imagem. Que não suponham, entretanto, que brincarei de guerrinha: não penso, de modo nenhum, em me intrometer em posições de partidos com grupos, subgrupos, contragrupos e grupelhos. Falei acima de uma sociologia dos epígonos no seu comportamento com respeito aos fetiches; seria, igualmente, interessante, descrever sua estratégia, primitiva ou complicada, envolvente ou agressiva: verdadeiro viveiro parlamentar de papagaios políticos onde cada qual só quer ficar à esquerda do vizinho. Isto se aglutina em diversos núcleos mais ou menos densos, espalhados ou apagados, com suas "inteligências" e seu vocabulário de comando, suas paródias prediletas, suas senhas, e suas idéias a ser reexaminadas: tudo termina freqüentemente em ataques mesquinhos e questões pessoais. Não se escapa à abundância de atualizações "históricas" (que se dizem marcos de milhas, mas não passam de calçadas do Inferno), declarações de princípios, *bulas-miniatura* (onde paradoxos moles carecem, miseravelmente, de um colete)... Engraçado, o equívoco! Que fique claro que não estamos enganados.

Este parêntese, estando daqui por diante fechado, definitivamente, é mais fácil para mim dizer quanto respeito sinto por aqueles, e somente por aqueles, que tenham participado verdadeiramente de todo o poder de invenção de que são dotados, na elaboração da música de nosso tempo. Basta, não citarei nomes: são raros demais para serem muito conhecidos. Faço questão de lembrar o quanto esses estudos, tanto quanto minhas próprias pesquisas, devem à observação de seus trabalhos.

Mesmo se me acontecer fazer um julgamento crítico sobre esta ou aquela *circunstância* desta verdadeira atividade criadora, queiram ter a bondade, portanto, de não ignorar minha intenção construtiva: não se poderia descobrir um universo novo sem choques e sem erros. O que me parece primordial explicar é a absoluta necessidade de uma consciência organizada logicamente que evita cair no anedótico; ao se fixar na anedota, perdem-se totalmente de vista os problemas mais essenciais, ou nos expomos a desconhecê-los gravemente. Ainda não abordei certas categorias "metalógicas", se assim posso dizer, como o estilo (e o gosto), a especificidade da ação, sem falar de outros fenômenos que dão à obra musical seu perfil definitivo.

Procurarei colocar-me, daqui por diante, no decorrer destes ensaios, no mais rigoroso plano que me seja possível atingir: esforço que nos permitirá a todos, assim espero, e principalmente a mim, melhor "balizar" o pensamento musical atual. Parece que este é o trabalho mais urgente a empreender atualmente, pois descobertas e resumos se sucederam sem grande coesão. Disciplinemos nosso universo mental de tal maneira que não tenhamos de enfrentar abjurações, sofrer desilusões ou superar decepções; organizemos estritamente nosso pensamento musical: ele nos livrará da contingência e do transitório. Não é a principal recusa que devemos opor a tentações tão sedutoras, mas tão vãs? Nada de fuga, para a frente, por favor: uma das marcas mais insignes da derrota. Ir até o âmago da emoção, dizia Debussy; eu diria: ir até o âmago da evidência.

2. TÉCNICA MUSICAL

Falar da técnica musical, em geral, é um projeto bem ambicioso: tratar a fundo este assunto no curso de uma única exposição depende, em todo caso, da persistência. Eu não posso me propor a esgotar todas as perguntas propostas pela evolução atual da linguagem, sobretudo quando esta evolução prossegue de maneira bem viva. Entretanto, gostaria de fazer um apanhado bastante completo, tentar uma atualização do estado presente das pesquisas, sem prejulgar as descobertas futuras. Minha ambição continua, entretanto, bastante grande, para adotar um ponto de vista muito geral, suficientemente exaustivo; por isso, começarei minhas investigações referindo-me a certas noções fundamentais.

O universo da música, hoje, é um universo *relativo*, isto é, no qual as relações estruturais não são definidas de uma vez por todas segundo critérios absolutos; elas se organizam, ao contrário, segundo esquemas variáveis.

Este universo nasceu do alargamento da noção de série; é por isso que eu gostaria, primeiramente, de estabelecer uma definição de série sob seu ângulo mais restrito e, em seguida, generalizá-la para um conjunto, para uma rede de prováveis. O que é a *série?* A série é — de maneira muito geral — o germe de uma hierarquização fundada em certas propriedades psicofisiológicas acústicas, dotada de uma seletividade maior ou menor, com vistas a organizar um conjunto FINITO de possibilidades criadoras ligadas entre elas por afinidades predominantes em relação a um caráter dado; este conjunto de possibilidades se deduz de uma série inicial por um engendramento FUNCIONAL (ela não é o desenrolar de um certo número de objetos, permutados segundo um dado numérico restritivo). Por conseguinte, basta, para instaurar essa hierarquia, uma condição necessária e suficiente que assegure coesão do todo e relações entre suas partes consecutivas. Essa condição é necessária, pois o conjunto das possibilidades é *finito* no próprio tempo em que observa uma hierarquização dirigida; ela é suficiente porque exclui *todas* as outras possibilidades. Se, por um dos dados do fato sonoro, essa condição necessária e suficiente determina a hierarquização, os outros fenômenos podem aí *integrar-se* ou, simplesmente, *coexistir;* o que se poderia transcrever: princípio de interação ou interdependência dos diversos componentes sonoros (aquilo de que os fenômenos acústicos nos dão exemplo no estado orgânico; um som — geralmente definido — é, com efeito, uma soma de freqüências que nas suas relações observam proporções — variáveis ou não — determinadas em qualidade e em número, afetadas por um coeficiente dinâmico — variável ou não —; sendo a própria freqüência uma função do tempo (períodos por segundo), a soma das freqüências submete-se globalmente a um invólucro dinâmico, função de tempo igualmente; vê-se que, de início, vibração, tempo, amplitude agem entre si para chegar ao fato sonoro total). Essa interação ou essa interdependência não agem por adição aritmética, mas por composição vetorial, tendo cada vetor — em nome da natureza do seu material — suas próprias estruturações. Pode, pois, haver: seja organização principal ou primordial, e organizações secundárias ou anexas; seja organização global que leva em consideração diversas especializações; entre estas posições extremas, situam-se os diversos estágios de predomínio de certas organizações em relação a outras, em outras palavras, a uma dialética com vasto campo de ação entre liberdade e obrigação (entre escrita livre e escrita rigorosa).

Esta noção se aplica a todas as componentes do fato sonoro bruto: altura, duração, intensidade, timbre; ela se aplica igualmente a todas as derivadas destas quatro noções fundamentais: ouço falar tanto dos complexos — homogêneos — de alturas, durações, intensidades, timbres, como dos complexos — combinados — altura/duração, altura/intensidade, etc. Neste sentido, faço questão de lembrá-lo, parece-me indispensável conceber a intercambiabilidade das componentes sonoras como um fenômeno estrutural de base; ao mesmo tempo, nos é preciso sublinhar que elas se organizam segundo uma progressão de primordialidade decrescente. Desisto de empregar aqui a palavra hierarquia que implica, de alguma maneira, uma subordinação, quando estes fenômenos são realmente independentes, se não em sua existência, pelo menos em sua evolução: eles obedecem a um princípio comum de organização das estruturas, enquanto que seu engendramento manifesta divergências suscitadas por suas próprias características. Em vista de uma dialética da composição, a primordialidade me parece caber à altura e à duração, enquanto que a intensidade e o timbre pertencem a categorias de ordem secundária. A história da prática musical universal se apresenta como penhor dessas funções de importância decrescente, o que a notação vem confirmar pelas diferentes etapas de sua transformação. Os sistemas de alturas e os sistemas rítmicos, concorrentemente, aparecem sempre como altamente desenvolvidos e coerentes, enquanto freqüentemente teríamos dificuldades em desentocar teorias codificadas para as dinâmicas ou os timbres, abandonados quase sempre ao pragmatismo ou à ética (assim, numerosos tabus que dizem respeito ao emprego de certos instrumentos ou da voz). A Europa

35

Ocidental nos fornece uma prova não menos eloqüente desse fato: os neumas visaram a transcrever com maior precisão as alturas; a notação proporcional, posteriormente, permitiu tomar em consideração valores rítmicos exatamente diferenciados; bem depois, houve a preocupação de dar à dinâmica uma transcrição adequada — foi mesmo somente a partir do começo do século XIX que as indicações se multiplicaram; aproximadamente na mesma época cunhou-se o caráter propriamente específico e insubstituível da instrumentação.

Não estabeleci, portanto, essa distinção segundo um critério "afetivo", mas segundo o poder de integração ou de coordenação. Comparem, por exemplo, a sucessão de timbres diversos numa mesma altura e, inversamente, a sucessão de alturas diversas afetadas por um mesmo timbre, isto é, cruzem duas organizações uma pela outra, invertendo-lhes os caracteres específicos: unicidade e multiplicidade. No primeiro caso, terão a impressão da *análise,* de certa forma, uma componente por outra, da altura pelo timbre; no segundo, não lhes parecerá absolutamente que o timbre seja assim *analisado* pelas diferentes alturas que se sucedem, uma vez que a homogeneidade do timbre impõe sua opressão para além de certas flutuações internas. A unicidade da altura *integra* a multiplicidade dos timbres; a unicidade do timbre *coordena* a multiplicidade das alturas.

Para cada componente, qualquer que seja ela, procuraremos estabelecer uma rede de possibilidades que se dividirão nas quatro categorias seguintes, agrupadas pelo par valor-densidade.

1. *Valor absoluto* no interior de um intervalo de definição, ou módulo; todo valor só deverá se encontrar uma vez, exclusivamente, no interior deste módulo, definindo-se um valor em relação a uma unidade de análise qualquer do espaço considerado;

2. *Valor relativo,* isto é, valor considerado como o valor absoluto reproduzido por módulo, de um a n vezes: a todo valor absoluto corresponderão de 1 a n valores relativos;

3. *Densidade fixa do engendramento:* a todo original X, dado, corresponderá todo Y de mesma homogeneidade e

de mesmo peso, estabelecendo-se o índice de densidade sobre um valor fixo escolhido de 1 a *n;*

4. *Densidade móvel do engendramento:* a todo X corresponderão, por transformação, Y diferentes de homogeneidade e de peso.

Explicitemos esta definição geral aplicando-a, por exemplo, ao sistema de alturas. Se tomo o par: *valor absoluto* com a oitava por módulo e o semitom por unidade de análise/*densidade fixa do engendramento* de índice 1, obterei a série clássica de 12 sons. Com efeito, no interior da oitava, só pode haver 12 semitons sobre os quais se baseará a série, excluindo toda repetição; em toda transposição (seja um número limitado de permutações), obter-se-á uma sucessão de sons *unos* e *únicos,* não combinados entre si no interior da série.

Exemplo 1

Defini um universo formal perfeitamente constituído e fundado logicamente. Minha escolha se fixou de propósito nesse exemplo simples, para que se compreenda plenamente o mecanismo de dedução de uma série em relação com um princípio dado. Sobre essa série de valores absolutos, é evidente que posso aplicar uma grade de valores relativos — tessituras — com a oitava por módulo, increver, portanto, o original de certa forma "ideal" no interior dos diversos campos que a oitava define na escala dos sons audíveis. Inversamente, se minha noção de série se aplica diretamente a valores relativos, posso reduzi-la ou não a valores absolutos; em outros termos, sendo uma série proposta com uma disposição destes elementos em campos de freqüências definidas — pela oitava, entre outras —, quando as transposições se efetuarem segundo as proporções estabelecidas entre esses valores relativos — os intervalos de partida — meu universo serial estará perfeitamente definido; não terei nenhuma necessidade de

Exemplo 2

uma "redução" ao valor absoluto para justificar seu engendramento.

Escolhamos um outro exemplo: o caso de um complexo homogêneo de alturas. Suponhamos que eu reúna entre elas valores absolutos (sempre no universo do semitom, com a oitava por módulo) e que eu obtenha, assim, uma sucessão de complexos com densidade variável, — respeitando, entretanto, a condição essencial de não-repetição —: 3/2/4/2/1, ou seja, no total, os doze semitons contidos na oitava.

Exemplo 3

Se multiplico por um complexo dado o conjunto de todos os complexos, isto me dará séries de complexos com densidade móvel, das quais certos termos serão, quanto ao mais, irregularmente redutíveis; ainda que *múltiplos* e *variáveis*, eles são deduzidos uns dos outros do modo mais funcional possível, obedecem a uma estrutura lógica coerente.

Eu me contentarei com indicar outros exemplos. Tomemos o caso de um complexo não-homogêneo constituído por altura e duração; se atribuo às alturas durações diretamente — ou inversamente — proporcionais aos intervalos que as ligam, obterei uma outra forma de engendramento serial reportando a ordem de grandeza do intervalo à ordem de sucessão.

Exemplo 4

Ter-se-á o máximo interesse, para obter conjuntos muito evoluídos, em tratar certos complexos por métodos que utilizam outros complexos. As possibilidades são infinitamente vastas e chegam a séries que têm apenas uma relação bastante longínqua com a muito primitiva série de doze sons.

Exemplo 5
Série deduzida do exemplo 4, trabalhada segundo os processos dos exemplos 1 e 3.

Não somos obrigados, aliás, a nos limitar a objetos *definidos;* a noção de engendramento serial se aplica igualmente a *campos,* contanto que eles obedeçam às leis fundamentais que enunciamos mais acima. Eu não poderia, para dizer a verdade, conceber o universo musical de outro modo senão sob o aspecto de campos mais ou menos restritos; eis por que jamais conferi importância exagerada à eliminação total do erro no diagrama. Estando uma altura escrita, o campo no qual ela se produzirá realmente, quando de uma execução, é excessivamente restrito e quase nulo o risco de erro; com as durações, o campo se amplia tanto quanto se acentua a margem de erro; quanto às dinâmicas, elas intervêm praticamente sempre num campo bastante amplo, fora de qualquer precisão absoluta; consideremos, de fato, um objeto definido como o caso-limite de um campo. Assim, o pensamento musical saberá movimentar-se no universo que evoluirá desde os objetos existentes até os conjuntos de objetos prováveis.

As operações das quais acabo de desenvolver a teoria e explicar o mecanismo, podem parecer excessivamente abstratas; nem por isso referem-se menos — e exclusivamente — ao *objeto sonoro concreto,* pois são as propriedades mesmas desse objeto que engendram as estruturas do universo sonoro deduzido e lhe conferem suas qualidades formais; entretanto, qualidades e estruturações não dependem do objeto sonoro concreto enquanto acidente: nesse caso, ter-se-ia chegado a uma amostragem — permutante — de acidentes, não observando entre si nenhuma relação lógica a não ser este princípio de permutação, extrínseco ao conjunto de suas características. O perigo que comporta uma permutação de amostras desse tipo se aplica muito especialmente ao caso dos sons "indeterminados" — percussão ou, mais geralmente, ruídos — ruídos cuja complexidade individual se opõe a uma hierarquia formal que reduz suas relações a relações simples, na verdade relativamente simples.

Com esse propósito, abrirei um parêntese sobre as relações que ruído e som mantêm entre si. É certo que a hierarquia, na qual viveu o Ocidente até agora, praticamente exclui o ruído de seus conceitos formais; a utilização que dele se faz depende naturalmente de um desejo de ilustração "para-musical", descritiva. Não

40

vejamos aí uma coincidência ou uma simples questão de gosto: a música do Ocidente recusou, durante muito tempo, o ruído porque sua hierarquia repousava no princípio de identidade das relações sonoras *transponíveis* para todos os graus de uma escala dada; sendo o ruído um fenômeno não diretamente redutível a um outro ruído, é, pois, rejeitado como contraditório ao sistema. Agora que temos um organismo como a série, cuja hierarquia não está mais fundada no princípio de identidade por transposição, mas, ao contrário, em deduções localizadas e variáveis, o ruído se integra mais logicamente a uma construção formal, contanto que as estruturas por ele responsáveis se fundem em critérios próprios. Eles não são, fundamentalmente, diferentes — acusticamente falando — dos critérios de um som.

Façamos a seguinte experiência: atribuamos a um grupo instrumental, de timbres variados, um acorde complexo para tocar durante um espaço de tempo muito curto; por pouco que haja modos de ataque nos quais os fenômenos conexos sejam de uma forte intensidade (arco do instrumento no talão, metais no registro grave...), perceberemos este acorde mais como um ruído do que como uma associação de sons determinados. Tomemos, ao contrário, cinco tambores e batamos numa ordem qualquer cada um deles; perceberemos imediatamente os intervalos que os separam, quase como se se tratasse de sons simples. É, portanto, superficial dividir o fenômeno sonoro em duas categorias tão delimitadas; parece que as impressões de ruído e de som provêm, antes de mais nada, do poder de análise mais ou menos seletivo que o ouvido tem oportunidade de desdobrar. Quando ele percebe uma sucessão rápida de acordes complexos — especialmente no registro grave — ou um acorde isolado, excessivamente breve, o ouvido é incapaz de analisar, ainda que intuitivamente, as relações que as alturas mantêm entre si; ele é saturado de complexidade e percebe, globalmente, ruídos. Quando percebe uma sucessão reiterada de ruídos diferentes num contexto simples e homogêneo — mesma família de instrumentos — ele os analisa instantaneamente e se encontra em condições de precisar, nem que seja intuitivamente, as relações existentes entre eles. (Se as famílias não são homogêneas, a percepção se acha de novo diminuída na sua acuidade, pois é dependente de uma análise que se tornou difícil.) É preciso, portanto, a meu ver, tratar sons e ruídos em *função* das estruturas formais que os utilizam, que os *manifestam* por si próprios, por assim dizer. Além da idéia de mistura dos elementos, ainda ingênua, se situa uma dialética estrutura-material, segundo a qual uma é o *revelador* do outro.

Estenderemos esse ponto de vista das relações: *ruído* e *sons* às relações: *sons brutos* e *sons trabalhados*. Compreendo que a dialética da composição se acomoda mais facilmente a um objeto neutro, não diretamente identificável, como um som puro ou um ajuntamento simples de sons puros, não perfilado por funções internas de dinâmica, de duração ou de timbre. Logo que se amoldam *figuras* trabalhadas, aglomeradas em um complexo "formulado", e que se utilizam como objetos primeiros da composição, não se poderia, sem prejuízo, esquecer que perderam toda neutralidade, e adquiriram uma personalidade, uma individualidade, tornando-os relativamente impróprios a uma dialética generalizada das relações sonoras. Sons brutos e sons trabalhados se *manifestarão* por e em função das estruturas que os colocam em jogo; não é simples encontrar o ponto precário no qual a responsabilidade das estruturas e a personalidade dos objetos se equilibram. O "ruído" representa, de resto, no estado orgânico, o que um complexo de sons "formulado" reproduz num estágio mais elevado da elaboração. De cada lado do "som puro", existem limites perigosos cujo controle deve-se dominar se não se quer correr o risco de cair de uma verdadeira série de alturas (simples ou complexas) numa permuta de amostras.

Não considerei até aqui senão complexos de intervalos simples; para ser completo, devo assinalar a *integração* destes mesmos intervalos. Este método nos dá, por assim dizer, "superfícies" sonoras que utilizam ora verdadeiramente o *continuum* ora uma aproximação — bastante grosseira aliás — desse *continuum* pela agregação de todos os intervalos unitários compreendidos entre limites dados; o que chamamos *clusters* no sentido vertical ou *glissandi* num sentido diagonal. Estudaremos mais adiante como esta idéia primitiva e excessivamente sumária está longe de uma concepção elaborada do *continuum;* dela reteremos aqui apenas a aparência mais superficial. Não me recuso a chamá-las faixas de freqüência: sendo o *glissando* utilizado em função de um tempo x a y, o *cluster* vê todos os seus elementos como função simultaneamente de um só tempo x (da função linear diagonal de tempo, passa-se a um tempo nulo). Preciso, a esse respeito, lembrar o que escrevi outrora a propósito dos objetos definidos e dos campos; a faixa de freqüência representa o caso de um campo totalmente cheio de um material amorfo. Mesmo que eu tivesse justificado a integração dos intervalos na hierarquia das alturas e a tivesse transformado numa função de tempo, eu não poderia esquecer que é um caso-limite, amorfo, repito-o, incapaz de se inserir num contexto, uma estrutura, a não ser como caso-limite. No final das contas, estes *clusters* e *glissandi* dependem de uma estilística primária demais, na minha opinião; seu abuso recente transformou-se rapidamente em caricatura. Este material rapidamente "armado" não é garantia de uma grande acuidade de concepção; ele denota, ao contrário, uma estranha fraqueza em se satisfazer com organismos acústicos indiferenciados. Não se poderia, aliás, falando não mais de estilo mas de lógica, atribuir a casos-limite as propriedades dos casos gerais sem submetê-las à necessária adaptação.

Uma observação, ainda, se impõe — sempre a propósito das alturas: a concepção que coloca em jogo a tessitura relativa de intervalos absolutos — quer seja esta tessitura *aplicada* a uma série desenvolvida no interior de um intervalo de definição, quer esteja *integrada* no próprio desenvolvimento da série —, esta concepção supõe que a *aparência* de um intervalo não é assimilável a nenhuma de suas outras *aparências,* segundo a tessitura que adota; o intervalo absoluto de definição torna-se, pois, o mínimo múltiplo comum do intervalo real, variável.

Mencionemos, sem nos delongar demais, o erro de considerar todas as unidades de uma organização de base — os doze semitons, no caso do sistema temperado habitual — como se devessem permanecer rigorosa e imutavelmente iguais entre si: isto seria um absurdo acústico e estrutural, a menos que nos restrinjamos a uma total fixidez de desenvolvimento, à tessitura sempre renovada inteiramente, o que não nos poderia levar muito longe. O mal-entendido provém do fato

43

de se ter compreendido mal o princípio de *não-repetição* dos elementos no interior de uma série de base; ele foi confundido com não sei qual tabu mecânico ou obsessional sobre o retorno dos elementos nas estruturas, ou seja, fora da organização de partida. Desde que se utilize uma das transformações da série primeira, é lógico que este encadeamento mecânico logo é desordenado. Bem ao contrário, o interesse das transformações — ou transposições — consiste em criar certas regiões privilegiadas em relação a outras; é sobre o jogo destas funções de privilégio que se estabelecerá freqüentemente a dialética do encadeamento propriamente dito, acarretando as conseqüências estruturais que constituirão a forma. De resto, desde o instante em que se *colocam* simultaneamente elementos em suas tessituras relativas, eles seguem ou contrariam as proporções acústicas "de maior inclinação" (quero me referir às relações simples, que *chamamos* naturais); por isso mesmo, eles adquirem funções recíprocas que se corroboram ou se destroem, se juntam ou se anulam, para dar ao material seu perfil interno, seu potencial de energia, sua maleabilidade e suas faculdades de coesão: todas características extremamente importantes, como se vê, cujas conseqüências estruturais serão tão essenciais no estabelecimento de uma forma quanto as do encadeamento. Assim, não passa de ilusão conceber pontos sonoros completamente *desligados* de um campo direcional — salvo exceções bem delimitadas; apelar-se-á a intervalos relativos quanto à tessitura, cujas estruturas recusam todo princípio funcional de identidade nas transposições como nas deformações que sofrem. Para precisar esta noção de princípio de identidade, espero que baste ilustrá-la com um exemplo. Na linguagem tonal, um acorde do primeiro grau, em posição fundamental, tem funções idênticas em todos os tons, maiores e menores, quaisquer que sejam o registro em que é empregado, a distância real observada entre seus constituintes, os redobramentos que o amplificam, contanto que fique em posição fundamental. Disfarça-se á inadequação deste princípio à ressonância natural por uma soma pragmática de interdições ou de preferências no que diz respeito à boa ou má disposição dos acordes, da escrita em geral. No sistema serial, em compensação, nenhuma função se manifesta assim idêntica de uma série a outra, mas toda função depende unicamente dos caracteres particulares e da maneira pela qual as exploramos; um objeto composto dos mesmos elementos absolutos pode, pela evolução de sua colocação, assumir funções divergentes. (O primeiro e o quarto movimentos da *Segunda Cantata* de Webern são particularmente explícitos quanto a isto; ao compará-los entre si, e estudá-los intrinsecamente, veremos este fenômeno se manifestar com uma simplicidade de meios que o torna compreensível e evidente.)

Nesta recusa do princípio de identidade inscreve-se, igualmente, "a oitava evitada". É preciso ainda distinguir entre oitava *real* e oitava *virtual*. As relações de oitava *real* se estabelecem de ponto a ponto num contexto de coordenadas homogêneas, coordenadas de durações, principalmente, mas, especialmente, de intensidades ou de timbres; estas oitavas *reais* criam um *enfraquecimento, um buraco,* na sucessão das relações sonoras no sentido de que elas reinstauram provisoriamente um princípio de identidade que os outros sons recusam, que elas estão em contradição, por conseguinte, com o princípio organizador estrutural do universo onde aparecem; deve-se evitar de toda forma as oitavas *reais,* sob pena de cair num contra-senso estrutural.

Exemplo 6

Entretanto, se utilizamos um complexo sonoro — sempre no interior de um sistema de coordenadas homogêneas — que comporta freqüências em relação de oitavas, ou de múltiplos da oitava, com as freqüências de um outro complexo sonoro, consideraremos estas relações como oitavas *virtuais;* a assimilação de tais sons aos complexos respectivos de que fazem ,parte é tão forte que eles não poderiam escapar de sua atração e impor, por si mesmos, um princípio de identidade, ou dar impressão, ainda que fugidia, de que obedecem a ele: o complexo tem uma pregnância superior à da relação de oitava.

Uma vez tomadas certas precauções acústicas, estas oitavas *virtuais* não criarão nenhum disparate estrutural ou estilístico; que precauções?

— Por um lado, evitar colocar as notas *oitavantes* nas extremidades dos complexos sonoros; sendo a atenção auditiva imediatamente atraída para as relações mais simples por percebê-las mais facilmente, ela se prenderá, desde o início, a essas extremidades em relação de oitava.

Exemplo 7

— Por outro lado, no momento em que o complexo sonoro está em posição larga, ter o cuidado de introduzir, no interior do registro delimitado pelas relações de oitavas, um intervalo ou intervalos contrários, de maior tensão, que enfraquecerão ou anularão seu efeito, e desviarão, assim, a atenção auditiva de sua tendência simplificadora.

Exemplo 8

Podemos, entretanto, considerar a existência de oitavas *virtuais* nas relações de ponto a ponto, quando elas se situam num sistema de coordenadas não-homogêneas, principalmente quanto à organização-tempo (durações propriamente ditas ou velocidades de desenvolvimento), a organização-intensidade (e mesmo o timbre) com um poder seletivo menos potente, uma pregnância menor. Suponhamos que uma estrutura de pontos utilize um determinado sistema de coordenadas e que se desenvolva simultaneamente uma outra estrutura de pontos num sistema de coordenadas diferente: outro tempo, organização das alturas não-assimilável; as relações de oitava entre esses sistemas serão *virtuais*: a não-homogeneidade dos tempos, em primeiro lugar, impedirá de perceber essas relações no mesmo plano; ao situá-las num contexto diferente, ela reforçará, ao contrário, as divergências entre as estruturas em que aparecem. Dinâmicas opostas e timbres radicalmente separados acusarão ainda sua diérese. Naturalmente, tomar-se-ão, aqui também, em consideração certas precauções acústicas, as mesmas, aliás tomadas precedentemente.

Exemplo 9

E principalmente, complexos que se organizam segundo um sistema de coordenadas não-homogêneas engendrarão relações de oitava puramente *virtuais*. Escrevi, anteriormente, que as oitavas reais criam um enfraquecimento, um buraco, na sucessão das relações sonoras; o mesmo ocorre com os acordes classificados, não somente quando aparecem na dimensão vertical que lhes é própria, mas igualmente se são o produto da superposição de várias estruturas horizontais. Eles reinstauram, tanto quanto as oitavas, o princípio de identidade que todos os outros sons recusam; eles são, ademais, "carregados de história(s)"; sua significação intrínseca entra em conflito com as funções de que dependem: o disparate, nesse caso, é tanto de ordem estilística quanto estrutural.

Exemplo 10

Generalizaremos esta observação a todos os intervalos, em geral, ou a todas as combinações de intervalos, que tendem a reinstaurar na dialética das relações sonoras um princípio funcional de identidade — de *identificação* estrutural: intervalos com forte atração, combinações de intervalos que se assimilam a uma função já estabelecida. A oitava e o acorde classificado são apenas os casos particulares mais notáveis.

Não deixemos de assinalar, enfim, que a duração absoluta desempenha, na avaliação dessas relações, um papel primordial: uma relação, aceitável quando aparece muito rapidamente, torna-se intolerável se permanece presente durante um espaço de tempo mais longo. As leis de velocidade da percepção se encontram aí como em qualquer outra parte; vamos estudá-las mais adiante, quando falarmos do tempo *estriado* ou *pulsado*. A complexidade ou a simplicidade do contexto tem um papel não menos importante que a duração, pela mesma razão: acuidade da percepção. Num contexto *rarefeito,* as relações acústicas individuais são de fácil apreensão, consciente ou intuitivamente; enquanto que num contexto sobrecarregado, os acontecimentos, sucedendo-se em uma cadência muito rápida, impedirão toda percepção, mesmo intuitiva, da maior parte das relações acústicas individuais. Não se pode, no final das contas, falar das leis que regem as alturas sem mencionar sua dependência em relação a outros critérios formais; penso que todos os músicos que atribuem alguma importância à fenomenologia da forma concordarão comigo.

Acabamos de estudar longamente certas aplicações do sistema geral serial ao caso particular das alturas; examinaremos agora as durações. O problema não se coloca exatamente sob o mesmo prisma, pois as quatro categorias que examinamos são envolvidas por uma qualidade superior: o tempo. Trata-se de uma qualidade completamente nova, e será que se aplica exclusivamente à duração? Será o tempo assimilável a um campo, a uma tessitura de tempo onde se passa um conjunto dado de fenômenos? O tempo é bem específico da duração; é, de alguma maneira, o padrão que dará um valor *cronométrico* a relações numéricas. Seria comparável à transposição total no domínio das alturas; transpor integralmente uma estrutura dada para um intervalo qualquer equivale a escolher freqüências diferentes das freqüências iniciais, mas que obedecem — considerando-se toda correção temperada — às mesmas relações numéricas. Esta última operação modifica a percepção das formas tanto quanto uma mudança de tempo. (Tocar o adágio da *Sonata Patética* de Beethoven três oitavas acima do som escrito, ou o fim das *Núpcias* de Stravinsky três oitavas abaixo, não é menos caricatural que tomar um tempo três vezes mais lento ou três vezes mais rápido. As transposições totais — durações e alturas — devidas à fita magnética nos tornaram, ao ligá-las automaticamente, sensíveis a este aspecto da tessitura — de um modo geral.) Se não falei logo de início da transposição quando estudei as alturas, é que notamos *freqüências* (absolutas ou relativas) que mantêm entre si relações numéricas demasiado complexas para serem manejadas com facilidade a não ser no estado de símbolos; no que diz respeito às durações, abordei imediatamente a noção de tempo porque notamos *relações* relativamente simples que, através dele, se definirão em quantidades. O tempo não deve ser concebido unicamente como padrão fixo; ele é suscetí-

49

vel de variabilidade, precisamente determinada ou não. No primeiro caso, obter-se-á: *accelerando* ou *ritardando*, ao passar de um padrão fixo a um padrão fixo diferente; no segundo, o padrão de duração não terá um valor definido por um tempo cronométrico preciso: uma estrutura global pode, então, inscrever-se em um campo cronométrico, delimitado ou não. As delimitações deste campo cronométrico são de duas ordens: eles dependem, ou de uma hierarquia abstrata, ou então de uma hierarquia acidental: fenômeno acústico concreto, gesto de execução, relação psicofisiológica destes dois fatos (duração de vibração, tempo necessário aos intervalos disjuntos, comprimento de sopro). O que resumirei na forma do seguinte quadro:

tempo fixo   padrão fixo

tempo móvel 1. dirigido; de padrão fixo a padrão fixo

     accelerando } e as combinações
     ritardando } destas duas direções

     caso-limite: de padrão fixo a padrão não-fixo, ou vice-versa

tempo móvel 2. não-dirigido; padrão flutuante

     a) campo cronométrico delimitado
      hierarquia abstrata
      hierarquia acidental

     b) campo cronométrico não-delimitado

Retomaremos, aliás, mais adiante, as *qualidades* destes diferentes *tempi* e em que os distinguem a presença ou a ausência de uma pulsação interna. Entretanto, uma vez estabelecidas essas diferentes categorias de tempo, podemos agora considerar as relações que são as durações propriamente ditas. Reencontramos, então, a divisão estabelecida para as alturas: 1. valor absoluto; 2 valor relativo; 3. densidade fixa do engendramento; 4. densidade móvel do engendramento. Uma observação preliminar se impõe: habituados como estamos ao semitom, acreditamos estar lidando com uma categoria específica da duração quando constatamos que se multiplica e que se divide a unidade rítmica, quando, no domínio das alturas, não se efe-

50

tuam tais operações. Digamos que, quando muito, de uma a outra organização, a importância se desloca para este ou aquele fenômeno porque ele é utilizado num sentido diferente. Assim, no domínio da duração, pode-se partir de um valor menor e multiplicá-lo até obter o maior; chega-se, por este método, a uma pulsação regular ou irregular, redutível, neste último caso, aos algarismos 2 e 3, à sua soma ou ao seu produto.

Exemplo 11

Pode-se, igualmente, tomar o maior valor como unidade e dividi-lo em um número par ou ímpar de partes regulares; é exatamente a mesma operação que a precedente, mas em sentido inverso.

Exemplo 12

Entretanto, chega-se, por este método, a uma pulsação regular da unidade, pois não se pode pensar em superpor partes destas subdivisões, operação praticamente irrealizável.

Exemplo 13

Se se observa a mesma subdivisão, em todas as estruturas, muda-se a unidade ao mudar de tempo, e retornamos ao caso precedente.

Exemplo 14

No cruzamento destes dois métodos, escolher-se-á uma unidade suscetível tanto de ser multiplicada quanto de ser subdividida; a escolha do tempo será primordial na percepção da pulsação como na possibilidade de realização da subdivisão. Para as alturas, o problema se coloca de maneira semelhante quando se entra no universo das microdistâncias, inferiores ao semitom. Se concebemos o universo cromático temperado como a multiplicação do semitom, as microdistâncias serão, no caso, a divisão par ou ímpar desta mesma unidade.

Sendo os valores absolutos escolhidos da maneira que acabamos de descrever, os valores relativos se inscrevem numa tessitura determinada, obtida pela multiplicação ou divisão da escala de base, pois reencontramos, neste estágio superior, os mesmos métodos que encontraríamos com a própria unidade. Quanto à densidade do engendramento, podemos apenas retomar exatamente os termos já empregados para as alturas. Acrescentemos que as modificações que uma série de durações pode sofrer são de três ordens: fixa — móvel não--evolutiva — móvel evolutiva. 1. *Fixa*: Conservam-se as proporções do original multiplicando-o ou dividindo--o por um mesmo valor numérico; o que se chama: aumento ou diminuição (isto não será, aliás, forçosamente uma modificação do simples ao duplo, ela pode se efetuar, incidentemente, com valores irracionais). 2. *Móvel não-evolutiva*: modificam-se as proporções do original, acrescentando-lhe ou suprimindo-lhe um valor

Exemplo 15

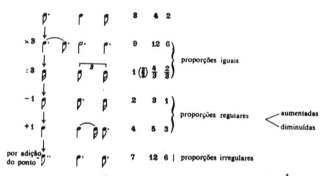

fixo; em vez de ter uma progressão geométrica, como anteriormente, ter-se-á uma progressão aritmética; as proporções serão irregularmente aumentadas ou encurtadas mas sempre no mesmo sentido. 3. *Móvel evolutivo*: modificam-se as proporções do original por um valor variável que é função, fixa ou móvel, de seus constituintes; ao pontuar, por exemplo, todos os valores, já pontuados ou não pontuados: o emprego automático do ponto acarreta irregularidades, pois acrescenta, ora a quarta parte, ora a metade do valor.

De resto, o sentido das irregularidades não será, forçosamente, constante.

É fácil deduzir, a partir daí, os mecanismos de uma série simples de durações. Limitar-nos-emos agora a mostrar quais os resultados que um complexo de proporções engendra. Damos sua forma numérica (quando o transcrevermos, nós o faremos segundo os dois métodos descritos precedentemente).

Exemplo 16

$$\begin{bmatrix} 2 \\ 5 \\ 6 \\ 9 \end{bmatrix} \begin{bmatrix} 1 \\ 4 \\ 7 \\ 10 \end{bmatrix} \begin{bmatrix} 4 \\ 7 \\ 8 \\ 11 \end{bmatrix} \begin{bmatrix} 1 \\ 2 \\ 10 \\ 11 \end{bmatrix} \begin{bmatrix} 5 \\ 8 \\ 9 \\ 12 \end{bmatrix} \begin{bmatrix} 3 \\ 6 \\ 12 \end{bmatrix}$$

Na primeira transcrição, escolhi a semicolcheia como a menor unidade de base e, por multiplicação, obtive os diversos valores respeitando a proporção global original; na segunda transcrição, escolhi a mínima

Exemplo 16 a

como maior unidade de base e, por divisão, obtive partes iguais cuja soma respeita a proporção global original.

Exemplo 16 b

53

Resta-me, agora, colocar estes valores uns em relação aos outros; em outras palavras, escrever uma distribuição no interior do campo de duração definido pelo valor mais longo; quando eu tiver procedido a esta operação, terei constituído, assim, um *bloco* de duração, e introduzido uma dimensão diagonal que não pode se confundir com a vertical mais que com a horizontal. Três tipos de distribuições são possíveis: simétrica, assimétrica, combinada simétrica-assimétrica. A distribuição simétrica é regular se ocorre em relação a um eixo central, e ainda quando se toma como eixos o

Exemplo 17 a

início ou fim do som mais longo — todos os sons começam juntos, todos os sons terminam juntos.

Exemplo 17 b, c

Notemos que, em relação a um eixo mediano, obtemos uma outra forma de distribuição, diretamente contrária, se interrompemos as durações por pausas de complemento. A pausa não envolve, não precede ou não segue mais a duração, mas se introduz em seu interior, modificando seu caráter.

Exemplo 17 d

Naturalmente, é possível combinar dois a dois, três a três ou quatro a quatro estes perfis elementares, para obter blocos mais variados e menos imediatamente balizáveis.

Exemplo 17 e

A distribuição simétrica será irregular quando se realizar em relação a um eixo qualquer — eixo reto ou oblíquo; em referência a estes eixos, é quase supérfluo

Exemplo 17 f, g

dizê-lo, pode-se observar uma simetria igual (*exemplo 17 g*) ou desigual (*exemplo 17 f*). A distribuição será assimétrica quando nenhum eixo puder dividi-la.

Exemplo 17 a-g

Proporções:

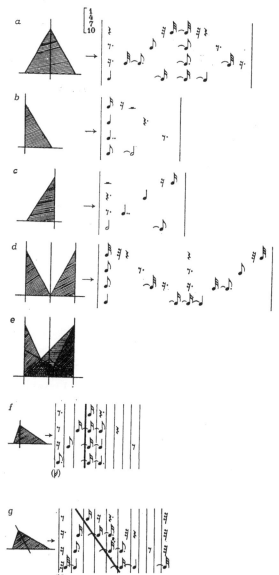

Exemplo 17 h

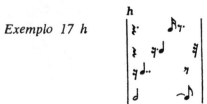

É evidente que, se introduzo, num bloco assim constituído, proporções de divisão, obterei resultados cada vez mais complexos.

Exemplo 17 i

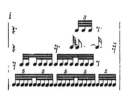

Eu chegaria ao mesmo resultado, aplicando aos blocos de divisão uma categoria superior de distribuição. Posso, de resto, impor, "armadilhas" de pausa a uma figura assim constituída; filtrá-la, por assim dizer.

Exemplo 17 k

Assim, qualquer que seja o ponto de partida, as duas tentativas se completam para criar um conjunto excessivamente rico de organizações do tempo, tanto no que diz respeito às micro como às macroestruturas. A utilização racional da oposição entre multiplicação e divisão da unidade fará nascer, por outro lado, contrastes marcantes, graças ao panorama muito amplo dos valores colocados em jogo.

Daremos de todos os métodos de distribuição no interior de um bloco de duração a extensão que merecem e aplicá-los-emos a complexos de complexos, onde cada elemento distribuído será não mais um valor simples, mas já um conjunto; a partir daí, construiremos vastas estruturas que obedecem aos mesmos princípios de organização tanto em sua constituição como em sua disposição. Estes complexos de complexos tomarão por elementos simples, ou blocos de duração,previamente descritos, ou então séries inteiras ou divisões de séries; o cruzamento das diversas maneiras de organizar a duração é extremamente fértil, pois engendra uma variedade inesgotável de objetos — era o que ocorria com as alturas.

Assinalemos, enfim, que os complexos de proporções, tais como os definimos, aplicam-se ao próprio tempo e não é uma extensão forçada ou superficial: a subdivisão da unidade nos fornece o modelo. O que é o tempo, com efeito? É a inscrição num tempo cronométrico determinado, de um número maior ou menor de unidades. Se tomamos, por conseguinte, como unidade de valor a unidade cronométrica, sua subdivisão nos dará os diferentes tempos, observando as proporções do complexo numérico. Tomemos como exemplo o complexo 3/6/12, e como unidade cronométrica a décima quinta parte de segundo; cada terço de unidade equivalerá a um quadragésimo-quinto de segundo, cada sexto a um nonagésimo, cada décimo a um centésimo octogésimo. Em outros termos, nossas três unidades de tempo serão: u = 45, u = 90, u = 180, escrevendo-as segundo a convenção habitual do metrônomo (sendo esta unidade escolhida graficamente, no final das contas, pela capacidade que tiver de facilitar a transcrição e a leitura dos acontecimentos musicais). Não pretendo esquecer que, diante desta complexidade crescente, posso ater-me a simples séries de campos, em que os eventos acontecerão sem estar ligados a valores mais precisos.

Exemplo 18

Se dilatarmos esta noção, obteremos verdadeiras *bolhas-de-tempo*, como as denominei anteriormente, nas quais somente as proporções das macroestruturas serão determinadas. Ter-se-á, por essa razão toda a escala de qualidade das durações, desde a determinação mais precisa e mais complexa até o fenômeno estatístico mais sumário. Retomaremos, mais tarde, as *qualidades* do tempo estatístico e do tempo avaliado, padronizado.

A observação feita a propósito das alturas, sobre os intervalos de forte pregnância, aplica-se igualmente às relações de duração que, por suas qualidades intrínsecas ou seus vínculos estilísticos, estão em contradição com o universo-tempo, definido pela série; a evocação de um metro regular atrai especialmente a atenção, sobretudo quando se repete. Não voltarei a falar das causas deste fenômeno, pois já as expliquei longamente nas páginas precedentes.

Acabamos de estudar como se organiza a morfologia das duas componentes primordiais do fenômeno sonoro: a altura, a duração, funções de *integração*. A dinâmica e o timbre, funções de *coordenação*, não poderiam pretender possuir o mesmo rigor em sua morfologia, sobretudo na música feita a partir dos corpos sonoros naturais. A dinâmica se produz, então, num campo relativamente vasto, com uma margem bastante grande de indeterminação; o timbre dispõe de conjuntos constituídos, os instrumentos — ou a voz, cujas relações são altamente complexas, irredutíveis a proporções numéricas simples. Raciocinaremos, portanto, em geral, por analogia. Somente os meios eletro-acústicos podem assumir um controle rigoroso da dinâmica; quanto ao timbre, eles não chegaram até agora a resultados convincentes: o que engendra o pouco interesse pelas realizações eletrônicas, deste ponto de vista, é que os objetos criados, simplistas demais, não encerram uma rica multiplicidade de fenômenos transitórios; chega-se a uma uniformização dos produtos acústicos, a partir de algumas normas elementares. A música eletrônica segue o mesmo caminho, por falta de, parece-me, máquinas aperfeiçoadas que lhe dêem o poder de criar timbres diferenciados, de não mais se isolar nos ruídos brancos e coloridos, modulações aleatórias, etc., que se tornaram rapidamente tão insuportáveis quanto seus homônimos, os *clusters* e os *glissandi;* pela mesma razão, estamos em presença de um universo amorfo, indiferenciado. É urgente que os meios eletro-acústicos saiam da oficina do sapateiro, onde de certa forma se atolaram. Considerando o aperfeiçoamento rápido das técnicas eletrônicas, pode-se pensar que essas máquinas

58

não tardarão muito a aparecer; certas realizações industriais o demonstram melhor que as primícias.

Estejamos no domínio "natural" ou eletro--acústico, a organização da dinâmica é idêntica: no segundo caso, ela será medida por aparelhos de controle, realizada, por conseguinte, com uma aproximação muito acentuada; no primeiro, não se deve perder de vista a margem de erro implícita na realização de todo diagrama: se for muito diferenciado, a realização esfumará sua precisão, tornará seus contornos vaporosos e dará do original uma "interpretação" aproximada; se for bastante sumário, interpretação e original estarão, então, muito perto um do outro, por serem menos exigentes reciprocamente. Em função desta visão realista das coisas, poder-se-á escolher uma escala dinâmica descrita com uma precisão maior ou menor, expressa pelos símbolos convencionais habituais, ou por algarismos, se acentuarmos a variabilidade e o campo da dinâmica; no primeiro caso, ter-se-á escrita dinâmica *absoluta* (na medida em que se pode concebê-la), no segundo, uma dinâmica conscientemente relativa, e até reversível.

Seria tedioso descrever os detalhes desta organização nova. Por isso, nos contentaremos em mencionar as duas categorias das quais ela resulta, e que chamaremos: a *dinâmica-ponto,* a *dinâmica-linha.* Por *dinâmica-ponto,* entendemos todo grau fixo da dinâmica; os encadeamentos se farão de ponto a ponto na escala escolhida, sem que haja de um a outro, percurso, gesto. Com a *dinâmica-linha,* ao contrário, operar-se-á sobre os trajetos de uma amplitude dada a uma nova amplitude: *crescendo, decrescendo,* e suas combinações. Esta segunda categoria, eu a definirei como resultante do *glissando dinâmico,* comparável ao *glissando* nas alturas, e nos tempos (*accelerando, ritardando*). Observemos, incidentemente, como os *glissandi* de dinâmica e de tempo são sentidos como estreitamente paralelos pela psicologia elementar dos seres educados musicalmente ou não. É bem raro que um forte *crescendo* não seja, segundo os casos formais — clímax agógico ou suspensivo, *stretto* ou cadência — harmonizado com um *rallentando* ou um *accelerando* apropriados; é bem raro, igualmente, que um grande *diminuendo* não seja acompanhado por um *rallentando* destinado a "destilá-lo", só não parece conferida à psicologia elementar a ligação do *decrescendo* e o *accelerando*. Em certas civilizações —Bali, por exemplo — observa-se, em compensação, a que ponto de independência estão concebidos esses dois planos da expressão sonora; mas tornaremos a este assunto quando abordarmos a interpretação. Para voltar à organização serial das dinâmicas, acrescentemos que os *pontos* ou as *linhas* (sobre valores absolutos ou relativos) se ordenarão segundo funções lineares (séries simples) ou complexas (blocos de dinâmicas), que obedecem às mesmas leis e se descrevem da mesma maneira que precedentemente. A distribuição dos pontos e sobretudo das linhas dará lugar a disposições simétricas, regulares ou irregulares, assimétricas, e às combinações destas diversas formas simples. As curvas desenhadas mais acima para as durações são integralmente aplicáveis à distribuição das dinâmicas (*exemplo 17*).

Resta-me precisar a relação desses organismos com os que são responsáveis pelas alturas e pelas durações. Sabemos que uma duração pode se manifestar por um grupo de alturas (*exemplo 19 a*),

Exemplo 19

assim como uma altura pode se realizar num grupo de durações — é necessário, então, recorrer à multiplicidade dos timbres, com um invólucro dinâmico geral (Berg, *Wozzeck*. Interlúdio sobre a nota Si entre a segunda e a terceira cenas do Ato III; compasso 109/113) ou curvas individuais (*exemplo 19 b*).

Entretanto, entre estes dois organismos, as relações se estabelecerão sempre de simples para simples, de simples para complexo, de complexo para complexo. Para as dinâmicas, estas relações são ainda válidas, mas elas aumentarão no plano dos conjuntos. Enquanto que

Exemplo 20

uma altura única não poderia controlar um conjunto de durações se ela não se servisse de vários timbres, uma intensidade única assumirá perfeitamente bem esta incumbência sem condição especial;

Exemplo 21

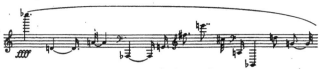

as relações novas entre dinâmicas, de uma parte, alturas e durações de outra parte, se estabelecem como segue: de simples para conjunto,

Exemplo 22

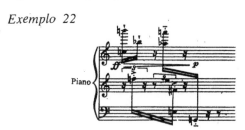

de simples para conjunto de conjuntos,

Exemplo 23

de complexo para conjunto,

Exemplo 24

de complexo para conjunto de conjuntos.

Exemplo 25

Piano → $\overset{>}{6}\ \overset{>}{2}\ |\cdots|\ \overset{>}{4}\ \overset{<}{3}\ |\cdots|\ \overset{<}{1}\ \overset{\vee\sharp}{5}\ \|\cdots\|\ \overset{\wedge\sharp}{1}\ \overset{}{3}\ |\cdots|\ \overset{}{5}\ \overset{}{2}\ |\cdots|\ \overset{>}{6}\ \overset{<}{4}\ \|$

Xilofone
Sinos → $6\ 1\ |\ 5\ \overset{<}{3}\ |\ \overset{<}{4}\ \overset{<}{2}\ |\cdots|\ 1\ \overset{}{5}\ |\cdots|\ \overset{}{4}\ \overset{}{6}\ \|\cdots\|\ \overset{>}{3}\ \overset{\simeq}{2}\ |\ \overset{>}{4}\ \overset{\simeq}{1}\ |\cdots|\ \}\ |\ 2\ \overset{\simeq}{5}\ |\cdots|\ \overset{}{6}\ \overset{}{3}\ \|$
Tímbales

Madeiras → $:\!3\ 1\ |\cdots|\ 3\ 2\ 5\ 3\ 4\ 5\ 2\ 3\ |\ 4\ 2\ 4\ 3\ \|\cdots\|\ 1\ 4\ 5\ 1\ 2\ 1\ 3\ 4^2\ |\{^3_2\}\ 3\ 4\ |\ 3\ \{^5_2\}\ 3\ \|$

Esquema dinâmico de um extrato de *Tombeau*.

Os símbolos são variáveis e oferecem as seguintes possibilidades de interpretação:

	a	b	c	d
6	f	mf	pppp	ppp
5	mf	mp	ppp	p
4	mp	p	pp	p
3	p	pp	p	mp
2	pp	ppp	mp	mf
1	ppp	pppp	mf	f

É lógico que estes signos dinâmicos representam campos e que não se deve contar com uma estrita exatidão destes seis graus, mas com uma aproximação suficientemente pronunciada de suas proporções.

Além disso, assim como para a tessitura e o tempo, recorreremos a registros de dinâmica, que governarão o conjunto das relações relativas instauradas, detalhadamente, de objeto para objeto. As precauções de escrita, enfim, são de uma outra ordem que dantes;

elas têm relação com certos resultados acústicos: efeitos de máscara entre tessituras vizinhas afetadas de dinâmicas extremas, densidades acústicas dos complexos de alturas afetadas de dinâmicas divergentes, etc. Inúmeras destas disposições pragmáticas competem à instrumentação.

No mundo sonoro *natural,* os timbres, como dissemos, se apresentam sob a forma de conjuntos constituídos. Que é um instrumento, com efeito — que é a própria voz — senão um conjunto de timbres de evolução restrita numa tessitura dada? Os tratados de instrumentação, se jamais deram essa definição, sempre a colocaram em prática; eles ensinam a tessitura dos instrumentos e as diferentes maneiras de tocá-los (sem surdina, com surdina, *pizzicato,* arco, etc.); eles ensinam, em seguida, como o instrumento reage a essas diversas maneiras de tratá-lo segundo a tessitura e o *ambitus* dinâmico. Ao contrário da amplitude, verifica-se a impossibilidade de passar de maneira contínua de um timbre a um outro; no máximo, chega-se a dar a ilusão disto com complexos de timbres, variando-os por insensíveis modificações.

Para esclarecer o emprego desta dimensão sonora, nós a separaremos em duas famílias:

1. *não-evolutiva* ou, pelo menos, *de evolução restrita e homogênea* (mesmo timbre ou mesmo grupo de timbres);

2. *evolutiva não-homogênea:*

a) procedendo por *intervalos disjuntos,* se posso dizê-lo (passa-se de um instrumento para outro, de um grupo homogêneo a um outro grupo homogêneo, de um complexo não-homogêneo a um outro complexo não-homogêneo, onde o peso dos timbres novos é superior aos dos timbres comuns aos dois; passa-se de um instrumento a um grupo qualquer, de um grupo homogêneo a um grupo não-homogêneo);

b) procedendo por *intervalos conjuntos* (passa-se de um complexo não-homogêneo a um outro complexo não-homogêneo, em que o peso dos timbres novos é inferior ou igual ao dos timbres comuns aos dois; passa-se de um timbre a uma modificação deste timbre).

Notemos que, bem entendido, estes intervalos serão mais ou menos disjuntos, segundo a relativa diferença de timbre entre os instrumentos ou os grupos, homogêneos e não-homogêneos, que se sucedem; mais ou menos conjuntos, conforme o peso dos timbres comuns for claramente inferior ou se aproximar do dos timbres novos. Os timbres se ordenarão igualmente segundo funções lineares ou complexas. O timbre desempenha um papel bem especial: na intersecção das alturas e das dinâmicas, ele articula o mais das vezes estas duas dimensões; acontece-lhe também articular alturas e durações (*exemplo 19* b) e, mais raramente, dinâmicas e durações (*exemplo 19 b,* igualmente). Assim como para as dinâmicas, suas relações com as outras estruturas se estabelecem não somente de elemento para elemento, mas de elemento para conjunto de elementos; não repetiremos todas estas combinações descritas no parágrafo precedente.

Observemos, mais uma vez, que tais organizações de timbre levarão em conta tanto as micro quanto as macroestruturas; elas se prendem à descrição do objeto, ou antes à sua fabricação, ao mesmo tempo que lhe dão lugar no conjunto coerente constituído por todos os objetos. Na invenção eletro-acústica, as famílias de timbres são suscetíveis da mesma classificação que as famílias instrumentais e vocais; mas é possível, teoricamente, passar de um timbre a outro sem solução de continuidade. Seria prematuro, e presunçoso, querer deduzir daí mais experiências e obras realizadas até hoje: da mesma maneira, somos levados a supor que se pode formar timbres diferenciados; pois superpor freqüências, dando-lhes envoltórios dinâmicos não poderia atingir esta finalidade, tanto quanto cortar somas de freqüências; apelar para vagas noções de distribuições estatísticas não substituirá um estudo cerrado dos fenômenos transitórios tanto no perfil de ataque quanto no corpo do som, e a aplicação racional das leis deduzidas deste estudo. Ninguém duvida de que os cientistas se apliquem a isto para grande benefício dos músicos, condenados, neste terreno, a continuar amadores.

Resta uma quinta dimensão, que não é, propriamente falando, uma função intrínseca do fenômeno sonoro, mas antes seu *índice de distribuição*: falo do espaço.[1] Infelizmente, quase desde o início, ele foi reduzido a proporções inteiramente anedóticas ou decorativas, que alteraram largamente seu emprego e desnaturaram suas funções verdadeiras. (Não é à toa que citamos sempre como ancestrais Berlioz e os venezianos o mais exterior, e os mais decorativos dos compositore respectivamente.) O espaço seria tão-somente manei rismo destro ou sinistrogiro? O abuso de tais *glissandi de espaço* me parece depender de uma estética tão sumária quanto o emprego imoderado de *clusters, glissandi* e outros ruídos brancos, sem falar do inconveniente que oferecem de lembrar bem mais fielmente movimentos realistas — propriedades que os usuários comerciais não deixaram de explorar. Quanto a mim, não posso me decidir por uma visão tão simplista; a distribuição espacial me parece merecer uma escrita tão refinada quanto os outros tipos de distribuição já encontrados. Ela não deve distribuir somente conjuntos afastados segundo figuras geométricas simples, as quais chegam sempre, no final das contas, a se inscrever num círculo ou numa elipse: ela deve, também e mais ainda, dispor a microestrutura desses conjuntos. Ressaltou-se, sobretudo, a velocidade de deslocamento, não se prestou suficiente atenção, negligenciou-se totalmente mesmo, a qualidade dos objetos distribuídos estatisticamente, ligados entre si por um percurso, ou então dos objetos móveis.

É perfeitamente correto que o índice de distribuição que é o espaço não funciona somente na duração sobre as durações, mas igualmente sobre as alturas e as dinâmicas, e sobre os timbres; consideraremos que a distribuição estática ou móvel mantém com todas estas características que agem entre si, relações especialmente sutis que não simples velocidades angulares ou laterais. segundo os dispositivos, sem querer falar das condições acústicas *locais,* que complicam seriamente este proble-

---

(1) Lembremos, para informação, que os primeiros concertos públicos com relevo móvel sucederam em Paris, em 1951-1952. Segundo um procedimento ajustado por Schaeffer, podia-se, indiferentemente, ter três cadeias fixas, ou um circuito móvel sobre as três cadeias. Eu mesmo havia escrito um estudo utilizando estas possibilidades a partir de dois circuitos fixos e de um circuito móvel. A difusão estereofônica nas salas de cinema data, aliás, da mesma época (Cinerama, em New York, fim de 1952). Foi igualmente a época em que começaram a tomar impulso os espetáculos *Son et Lumière*. As aplicações industriais e comerciais, é evidente, acompanham quase lado a lado as pesquisas mais desinteressadas.

ma. Pensamos, portanto, nestas grandes distribuições e nestes *glissandi* de espaço, de novo como casos-limite, cuja falta de *finesse*, analiticamente falando, impede o efeito de se renovar; com eles quase não nos afastamos da tipologia primária dos venezianos e de Berlioz, isto é, de uma tipologia de pontos cardeais — simbólica confessada francamente no *Requiem* deste último. Parece-me que o verdadeiro interesse da distribuição reside na criação de "movimentos brownianos" numa massa, num volume sonoro, se é que posso me exprimir assim; trata-se, então, de elaborar uma tipologia altamente diferenciada das relações chamadas a se instaurar entre o próprio fenômeno, individual ou coletivo, e seu lugar efetivo, *absoluto*, no espaço real.

Esbocemos brevemente, aqui, uma definição da posição do ouvinte, definição que encontrará desenvolvimento maior no capítulo sobre a estética e a poética, pois a colocação do ouvinte em relação aos gastos musicais que se lhe propõem depende menos da acústica propriamente dita que da psicofisiologia da escuta. O ouvinte se colocará fora da figura que circunscreve o lugar onde ocorrem os acontecimentos sonoros, ou no interior desta figura; no primeiro caso, ele observará o som, no segundo, será *observado* pelo som, envolvido por ele. (É essa dualidade de posição que eu tinha tentado no dispositivo de *Poésie pour pouvoir,* onde a espiral permitia alterar uma e outra eventualidade e combiná-las.)

Consideraremos duas famílias: a *distribuição fixa, a distribuição móvel* — já me aconteceu chamá-las igualmente: relevo estático e relevo dinâmico. A *distribuição móvel* se efetuará — classificação que retomamos à dos timbres — por movimentos conjuntos e disjuntos. Insistamos sobre o fato de que estes termos, conjunto e disjunto, não dependem unicamente de uma distância real, nem mesmo de uma proporção de distância; eles dependem tanto da *cobertura* dos fenômenos que se deslocam — qualidade de colocação extrínseca — como da qualidade destes fenômenos. Vou explicar-me: tomemos dois acordes idênticos. Confiro a eles uma duração, uma dinâmica e um timbre iguais; eles são, portanto, em princípio, estritamente equivalentes; o primeiro acorde é tocado num ponto dado, o segundo a uma distância qualquer deste ponto; se o primeiro dura ainda enquanto o segundo entrou e se apaga para deixá-lo a descoberto, teremos o que chamo um intervalo conjunto; o tempo de superposição é o necessário para que o ouvido se habitue à passagem de um a outro. Quanto mais eu encurtar este intervalo de tempo até ficar nulo, tanto mais forte será a impressão de deslocamento; intervirá, desde então, uma pausa entre os dois acordes, pausa primeiramente curta, onde a impressão de deslocamento estará no máximo: o que chamo de intervalo disjunto; a pausa, tornando-se mais longa, o ouvido esperará um novo acontecimento, o trajeto será quebrado, a impressão de deslocamento se tornará mais fraca, se não inexistente: não há mais relações nem intervalos. Se os dois acordes têm uma dinâmica muito oposta, a distância se acentua; enquanto que uma dinâmica que englobe numa mesma curva os dois acordes ajudará o deslocamento, quase matérializando-o. Se eles têm timbres totalmente diferentes, durações desiguais ao extremo, a comunicação irá sempre diminuindo. O intervalo será cada vez mais disjunto. Assim se pode jogar infinitamente com as variações que nascem da oposição de caracteres idênticos e de caracteres divergentes; o valor *absoluto* real da distância se enriquecerá consideravelmente. Estes intervalos conjuntos e disjuntos me dão, por generalização, deslocamentos lineares contínuos ou saltos pontuais descontínuos; estas duas categorias se aplicam de unidade para unidade, de unidade para grupo, de grupos para grupos.

Considerei, até agora, estes trajetos efetuados "idealmente" entre fontes sonoras fixas; é permitido conceber a esfera das possibilidades já estudadas, extensiva a fontes sonoras móveis, mas a "géstica" suposta por esta extensão — pelo menos quando se trata de instrumentistas e de cantores — propõe um outro problema, estético desta vez. Digamos, por ora, que somente o teatro terá verdadeiramente condições de justificar o conjunto dos gestos que uma fonte móvel supõe; e não um concerto teatralizado — resumindo-se, no final das contas, a teatro vergonhoso, desprovido, de resto, de qualquer qualidade literária e dramática — mas um teatro integrante, pelo gesto, palavra, som e cor; desta concepção, o teatro Nô oferece-nos uma admirável fórmula tradicional. (Esta aproximação mostra o quanto me oponho a toda *gesticulação* na idéia que faço de uma mobilidade das fontes; experiências recentes me convenceram, desmedidamente, disto: toda *gesticulação* mata imediatamente a atenção que se poderia dar às próprias estruturas, ela chega ao resultado contrário daquele a que se propõe — a gesticulação sonora propriamente dita produz, aliás, os mesmos efeitos. Voltaremos a este ponto.)

As distribuições fixas nos representam, em estado de imobilidade, o que as distribuições nos oferecem cinematicamente; os intervalos conjuntos e disjuntos, obedecendo aos mesmos critérios, estão fixados, neste caso, de uma vez por todas. As distribuições, tanto as fixas quanto as móveis — quer ordenem fontes fixas e móveis — observam as leis elementares de simetria (regular ou irregular), de assimetria, da combinação destas duas formas. É evidente que, quando falamos de simetria e de assimetria, englobamos tanto a qualidade das fontes sonoras quanto a natureza dos saltos ou trajetos que elas são chamadas a manifestar: dois grupos serão simétricos — em relação a um eixo qualquer — se estão situados à mesma distância; se eles têm timbres homogêneos ou não-homogêneos, idênticos em qualidade e em densidade, nós os consideraremos como simétricos regulares; como simétricos irregulares, se sua homogeneidade não é da mesma natureza (grupo de metais contra grupo de cordas, por exemplo) e se sua não-homogeneidade difere em qualidade e em densidade; eles serão assimétricos em todos os outros casos. Os trajetos ou os saltos serão simétricos ou assimétricos qualquer que seja a natureza das unidades ou dos conjuntos aos quais eles se aplicam.

Constata-se que as funções de articulação que o espaço assume, enquanto índice de distribuição das estruturas, são muito próximas das que dinâmicas e timbres assumem em relação às alturas e durações. Vimos, assim, o fenômeno sonoro sob um prisma bem diferente daquele pelo qual o consideramos habitualmente; estudamo-lo, verdadeiramente, como *fenômeno,* onde as funções são reciprocamente envolventes e envolvidas integrando-se na produção, na organização e na distribuição das estruturas infinitesimais como no engendramento, na coordenação e no ordenamento das estruturas de conjunto. A extensão deste método nos conduzirá a perspectivas não menos radicais sobre a noção de forma.

Não poderia terminar este estudo morfológico sem conduzir minha atenção para dois pontos bem importantes:

1. A estrutura interna de uma série de onde emanam as transformações a que podemos submetê-la e as relações de encadeamento que ela observa numa mesma dimensão;

2. Como se manifesta a interação das diferentes componentes sonoras qualitativa e quantitativamente.

A estrutura interna de uma série é decisiva no que diz respeito ao desenvolvimento de seus poderes organizadores; é conveniente, portanto, não deixá-la ao acaso e prever ao contrário, em que sentido preciso eles se desdobrarão. Estas estruturas serão de duas espécies: simétricas ou assimétricas. As simétricas referir-se-ão aos elementos paralelos contrários, invertidos, e invertidos contrários; os quais poderão sofrer certas transformações regulares como: permutação dos elementos, aumento dos intervalos.

Uma série é totalmente simétrica quando ela se decompõe em um número mais ou menos elevado de figuras isomorfas. As séries de Webern, por exemplo, são sempre assim constituídas, sendo estas figuras em número de dois, três, ou quatro, conforme se apliquem a seis, quatro ou três sons na escala dos doze semitons temperados; citaremos a série do Opus 24, talvez o

Exemplo 26

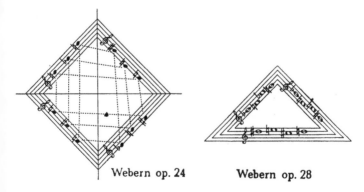

Webern op. 24   Webern op. 28

exemplo mais claro desta disposição pois facilmente redutível; mas poderíamos citar também a série do Opus 28, quase ainda mais esquemática.

A série inicial da *Suíte Lírica* de Berg comporta todos os intervalos possíveis, sendo os cinco últimos, simetricamente, a inversão dos cinco primeiros em torno do único — a quinta diminuída — que não pode ser invertido, tomado como *pivot*.

Exemplo 27

Berg: Suite Lírica

Outras séries possuem simetrias parciais: comportam figuras isomorfas, utilizando às vezes uma parte dos mesmos elementos, e das figuras não-isomorfas. A série do *allegro misterioso*, também na *Suíte Lírica* de Berg, nos fornece o protótipo (*exemplo 28*).

A mesma figura se encontra quatro vezes, apresentando os sons em relações de intervalos idênticos, mas numa ordem de sucessão diferente (si ♭ lá ♮ fá ♮ si ♮ ; dó ♮ sol ré ♭ ; ré ♮ mi ♭ mi ♮ si ♭), ou em relações de intervalos invertidos e numa ordem de sucessão diferente (lá ♭ ré ♮ mi ♭, mi ♮). Estas figuras se reduzem às mesmas proporções (fá ♮ / sol ♮ si ♭ lá ♭ — lá ♮ si ♮ ré ♮ / mi ♭ — si / dó ♮ / mi ♭ / mi ♭ — si ♭ ré ♭ mi ♭ ré ♮).

Várias notas lhes são comuns (si ♭ ; si ; ré ♮ mi ♭ ; mi ♮). Notemos que, neste caso, a figura isomorfa se encontra todas as vezes exposta de maneira contínua (sucedendo-se as quatro notas sem interrupção); chamaremos este caso: simetria parcial aparente. O caso contrário: simetria parcial latente, se aplica apenas às figuras isomorfas que apresentam uma descontinuidade. Eu darei o exemplo do formante 2: *tropo* de minha terceira sonata para piano.

Exemplo 28

Berg: Suite Lírica: Allegro misterioso

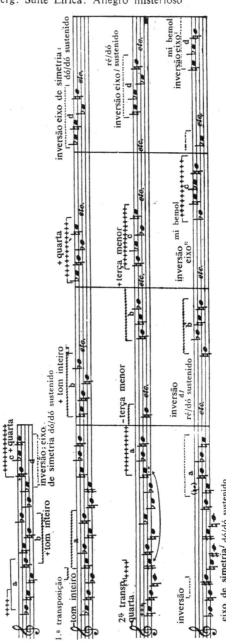

Exemplo 29 a

A série se divide em quatro grupos respectivamente de quatro, um, quatro e três sons, que eu chamarei: a, b, c, d. Os grupos a e b/d são ligados por uma isomorfia, sendo, contudo, a figura original de a invertida e permutada; o grupo c comporta duas figuras isomorfas. A figura a é redutível a dois intervalos geradores: o semitom e a quarta, que criarão as relações verticais e horizontais (mi ♮ — fá ♮ / si ♮ — fá ♯ ; mi ♮ si ♮ / fá ♮ — fá ♯); sendo os intervalos de junção a quarta aumentada e o tom inteiro (fá ♮ — si ♮ ; fá ♯ — mi ♮). Na figura b/d obtida pela inversão e permuta, as relações verticais são, desta feita, a quarta aumentada e o tom inteiro (sol ♯ — ré ♮ / dó ♯ — mi ♭); sendo as relações horizontais e os intervalos de junção o semitom e a quarta (sol ♯ — dó ♮ / ré ♮ mi ♭ ; ré ♮ — dó ♯ / mi ♭ — sol ♯).

Exemplo 29 b

A figura c comporta dois elementos isomorfos, redutíveis à terça menor (sol ♮ — si ♭ / dó ♮ — lá ♮), que observam globalmente a transposição de um tom inteiro (sol ♮ — lá ♮ / si ♭ — dó ♮); mas se ligamos um a um os sons obtidos por inversão, encontramos a relação de semitom e de quarta (sol ♮ — dó ♮ : si ♭ — lá ♮). Finalmente, a série se compõe de duas figuras isomorfas: a/bd, e de um grupo que comporta ele próprio duas figuras isomorfas: c; este último grupo — *divisível* — divide a segunda figura isomorfa b/d em duas partes desiguais: b (um som: sol ♯) e d (três sons: ré ♮ do ♯ mi ♭). Há, portanto de uma parte, simetria aparente no interior de c; de outra parte, simetria latente entre a e os dois fragmentos b, d. Além disso, os intervalos de relação de grupo a grupo são os mesmos que os intervalos fundamentais dos grupos: tom inteiro, semitom e quarta *(Ver exemplo 29 b)*.

Uma mesma série pode obedecer a várias leis de isomorfia. Partamos de uma figura de três sons (si ♮ si ♭ ré ♮); faço-a sofrer um aumento (mi ♭ do ♯ lá ♮) onde todos os seus intervalos são duplicados, depois uma simetria que a torna retrógrada (sol ♯ mi ♮ fá ♮); resta, para completar o total cromático, uma figura que não é redutível a esta figura principal.

Exemplo 30 a

Que observamos? Outras relações de isomorfia nasceram da sucessão de três figuras isomorfas, de três sons. Duas figuras de quatro estão ligadas por relações muito aparentes; elas comportam um par de intervalos a separado por um outro intervalo b, sendo a e b invertidos um em relação ao outro quando se passa do primeiro grupo ao segundo. O primeiro grupo de intervalos, com efeito, seja duas segundas menores (si ♮ — si ♭ / ré ♮ — mi ♭), está separado por uma terça maior (si ♭ — ré ♮); o segundo por duas terças maiores (dó ♯ lá ♮ / sol ♯ — mi ♮), está separado por uma segunda menor (lá ♮ — sol ♯). Contudo, as segundas menores são invertidas uma em relação à outra (segundas descendente e ascendente), enquanto que as terças maiores são paralelas (descendentes); além do mais, os intervalos centros de simetria são um ascendente, outro descendente. A terceira figura de quatro sons é irredutível. Partamos de novo da mesma figura de três sons; fazemo-la sofrer, desta vez, um·aumento, depois uma inversão, e, para completar o total cromático, acrescentamos-lhe uma outra figura, irredutível.

Exemplo 30 b

Que observamos agora? Duas figuras isomorfas de cinco sons cada uma, das quais a segunda é retrógrada da outra; aos três primeiros sons correspondem os três últimos, por retrocesso (si ♮ si♭ ré♮ — sol♯ mi♮ fá ♮); a partir do terceiro som, *pivot*, o retrocesso se duplica pela inversão dos intervalos (ré ♮ mi ♭ dó ♯ — lá ♮ sol ♮ sol ♯). Resta uma última figura de dois sons (dó ♮ fá ♯) aparentemente irredutível às duas outras. Observemos, entretanto, que o intervalo entre o último som da segunda figura e o primeiro destes dois sons terminais é o mesmo que entre o segundo das duas e o primeiro som da primeira figura (fá ♮ — dó ♮ / fá ♯ — si ♮); se colocarmos o segundo som (fá ♮) encabeçando a série, teremos duas figuras isomorfas, comportando cada uma seis sons. Esta série obedece a duas isomorfias diferentes; a primeira, parcial, organizando três figuras; a segunda, total, organizando duas figuras.

Exemplo 30 c

Há, enfim, as séries totalmente assimétricas; elas são encontradas sobretudo quando se coloca em jogo um número restrito de elementos, pois, uma vez que seu número cresce, é bem raro não nos encontrarmos em presença de elementos isomorfos, ainda que fosse apenas um simples intervalo, uma proporção dada.

Em conclusão, distinguiremos três famílias de estruturas seriais:

— simétricas totais
— simétricas parciais e assimétricas

  } figuras isomorfas aparentes
  } figuras isomorfas latentes

— assimétricas totais.

É possível passar de uma a outra destas famílias por mudanças causadas no original. É suficiente, por vezes, trocas mínimas para modificar o regime de uma série. Na *Suíte Lírica*, Berg passa da série do primeiro movimento, simétrica total, divisível em duas figuras isomorfas (*exemplo 27*) à série do terceiro movimento, simétrica parcial de quatro figuras isomorfas (*exemplo 28, segunda transposição*), pela troca de duas notas não simetricamente colocadas, mas paralelas quanto à ordem (fá ♯ e lá ♮). Todas as propriedades do original aí se encontram radicalmente modificadas.

As características que acabamos de descrever são aplicáveis a todas as relações numéricas, são suscetíveis de aplicações variáveis.

Se me delonguei tanto sobre a estrutura da própria série, é que toda a organização das séries derivadas dela depende, encontrando-se as figuras iniciais em certas transposições somente, segundo o intervalo que separa a transposição das figuras originais isomorfas ou a transformação pela qual se passa de uma a outra (inversão, retrógrado e sua combinação). Ao conjunto destas séries onde se encontram as figuras do original, denominaremos: privilegiadas; há, em cada sistema serial, uma rede de séries privilegiadas em relação a uma série original; logo que se muda o original, a rede muda igualmente; cada série, por conseguinte, faz parte de uma rede privilegiada, que possui em comum um certo número de figuras iguais (e não mais somente isomorfas).

No caso das séries totalmente simétricas, teremos tantas transposições privilegiadas quanto há figuras isomorfas no original. Se retomarmos o caso da série do Opus 24 de Webern (*exemplo 26*), podemos constatar que há, fora da série original, três outras séries que possuem exatamente as mesmas figuras; uma rede de quatro séries está assim constituída, tendo em comum quatro figuras simétricas, e não poderá aí haver outras que comportem todas as quatro nestas alturas precisas.

Exemplo 31 a

Todas as transposições desta estrutura serial se reduzirão, por conseguinte, a seis redes de quatro séries cada uma. Estas seis redes se fundarão sobre as seis transposições da figura primeira que levam do estado A ao estado B.

Exemplo 31 b

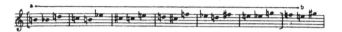

No caso das séries simétricas parciais, encontraremos uma figura do original com seus intervalos exatos em tantas séries divididas quanto comporte de figuras isomorfas. Retomemos a série do *allegro misterioso* de Berg (*exemplo 27*). A figura a se encontra três vezes no original: em b, transposta ao tom superior; em c, transposta à quarta superior; em d, invertida em relação a um eixo dó ♮ dó ♯ . Nós encontraremos a figura a, por conseguinte: segundo a permutação b, transpondo a série original ao tom inferior; segundo a permutação c, transpondo-a à quarta inferior; segundo a permutação d, invertendo-a em relação ao eixo dó ♮ / dó ♯ Berg utilizou somente esta família; mas a rede propriamente dita é bem mais vasta. Encontro a figura b igualmente em três transposições, assim como as figuras c e d. Tenho, assim, uma rede global de treze séries (quatro vezes três séries derivadas mais a original) onde encontrei a permanência das quatro figuras a, b, c, d.

Estas propriedades das figuras isomorfas, não contentes de criar séries de redes privilegiadas, criam também funções de encadeamento privilegiadas, se nos servimos de sua ambigüidade para passar de uma série a outra. Na série citada no exemplo 29a, começo cada vez por um grupo diferente; a, b, c, d; e me sirvo do último grupo como figura de encadeamento; o primeiro grupo da nova série deve pois ser idêntico, nas suas relações, ao último da série precedente, excluindo-se qualquer problema de permuta. Se parto de a, as figuras idênticas serão sempre d e a; partindo de b, a e b; partindo de c, b e c; partindo de d, c e d. Neste caso preciso, a noção de permutação circular desencadeou os encadeamentos cíclicos de natureza diferente, pois eles repousam na conjunção renovada a cada vez por duas figuras isomorfas. Este princípio engendrará, aliás, a grande forma de *Tropo*, que não passa de uma permutação circular aumentada.

Se a série apresenta duas famílias de isomorfias, ela fará parte de uma rede dupla de séries privilegiadas (*exemplo 30* c). Penso ter demonstrado estas possibilidades muito claramente nos dois casos precedentes, para deixar ao leitor o cuidado de tirar, por si mesmo, as deduções da série original.

Falamos, até agora, sobre os caracteres de simetria ou de assimetria de um original, cujas propriedades engendrariam redes ou conjuntos de redes privilegiadas. Mas, a partir de um original não simétrico, existem métodos de dedução que introduzem a isomorfia dos objetos; descreveremos um caso particular. Dividimos uma série em cinco objetos: a b c d e, totalmente assimétricos; o objeto a comporta m sons, o objeto b, n sons, etc. Para novos objetos, multiplico o conjunto por cada um deles.

Exemplo 32 (ver igualmente exemplo 3).

$$
\begin{array}{c}
a^{m}\ b^{n}\ c^{p}\ d^{q}\ e^{r} \\
\hline
m \times [\, aa \quad ab - ac - ad - ae\,] \\
n \times [\, ba \quad bb \quad bc - bd - be\,] \\
p \times [\, ca \quad cb \quad cc \quad cd - ce\,] \\
q \times [\, da \quad db \quad dc \quad dd \quad de\,] \\
r \times [\, ea \quad eb \quad ec \quad ed \quad ee\,]
\end{array}
$$

Terei, assim, criado séries em que as relações de isomorfia serão múltiplas: obterei, além disso, tantas séries quantos forem os sons comportados pelo objeto: haverá m primeiras séries, n segundas séries, etc. Conseqüência: os objetos totalmente isomórficos aumentarão em função direta do número das alturas que constituem o objeto original. Se multiplico um objeto a de três sons, por um objeto e de dois sons, obterei cinco objetos totalmente isomorfos: (a e) 1, 2, 3 e (e a) 1, 2.

Exemplo 33

Os objetos parcialmente isomorfos serão os que terão um objeto original em comum; todos os objetos em b, por exemplo, terão a estrutura b comum, enquanto que a outra estrutura será variável: a b, b b, c/b, d/b, e b. Não são totalmente assimétricos uns em relação aos outros como os objetos "puros", isto é, multiplicados por si mesmos: a/a, b/b, etc. Observam-se, de fato, três tipos de relações entre os objetos assim deduzidos de uma estrutura original qualquer: objetos totalmente isomorfos, objetos parcialmente isomorfos, objetos sem nenhuma isomorfia. Se se estende este processo às relações em geral, compreende-se a importância que existe em encontrar métodos de engendramento que criem redes de relações privilegiadas entre os objetos que elas suscitam.

Exemplo 34

Notemos, para terminar com as simetrias estruturais, que elas são de dois tipos: elas se produzem em relação a um centro, elas se produzem em relação a um eixo. Numericamente, a aplicação é imediata; com alturas, ela se transcreve com a mesma facilidade.

Duas famílias de intervalos aí aparecem: a segunda maior, a terça maior, a quarta aumentada; a segunda menor, a terça menor, a quarta. O emprego conseqüente destas duas famílias é primordial se se deseja jogar, na estrutura interna de uma série e para as funções que daí resultam, com a simetria das figuras elementares; nosso exemplo 29 o testemunha.

Examinamos, até agora, séries por assim dizer "completas". A partir destas organizações superiores, é possível deduzir estruturas parciais que chamaremos:

séries *restritas*, e séries *defectivas;* ambas se obtêm por uma *redução* do original: no caso das séries restritas, esta redução será estrutural, no caso das séries defectivas, ela se processará por meio de processos mecânicos. As séries *restritas* podem provir apenas das séries simétricas totais: não utilizam o conjunto das figuras isomorfas que constitui a série original, mas retêm dele apenas uma parte, e às vezes mesmo uma só figura. É assim que se pode romper a continuidade no encadeamento das figuras, que, sem isso, tomaria sempre emprestado a mesma seqüência de transformações de uma figura dada em relação a seus isomorfos. Sobre a série do Opus 28 de Webern (*exemplo 26*), posso reter uma

Exemplo 35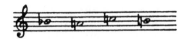

só figura e desligá-la da transposição e da inversão que a acompanham habitualmente; uma vez que ela é um fragmento do total cromático, eu não terei que me inquietar com relações que manterá com as outras figuras, pois elas serão necessariamente cromáticas. Se a figura escolhida não fosse um fragmento do total cromático — o que se produz na maioria dos casos — eu deveria observar esta condição essencial que as relações de encadeamento de figura a figura se efetuam sempre por complementaridade cromática.

As séries *defectivas* são deduzidas pela aplicação ao original de um procedimento mecânico como a mudança de módulo, ou a "filtragem" das freqüências, filtragem que modifica sistematicamente uma freqüência, suprimindo-a mesmo para substituí-la por uma ausência de som. A mudança de módulo é, se quisermos, uma qualidade estrutural independente da estrutura da série, que a modifica, portanto, automaticamente. Retomemos a série citada no exemplo 1: seu âmbito é de uma sétima maior; reduzamo-lo da metade, a uma quarta. De acordo com minha escolha de uma das duas quartas nas quais se divide a sétima maior, obterei duas séries defectivas — complementares.

Exemplo 36

A importância destas transformações é excessivamente grande, se não se quiser utilizar permanentemente o total do universo escolhido; elas se revelam indispensáveis, em particular, no domínio das durações e das dinâmicas, em que a utilização constante de uma escala extensa de valores provoca, estatisticamente, uma indiferenciação bem mais insuportável que em qualquer outra parte. A filtragem das freqüências deve, igualmente, provir de uma conseqüência estrutural (eixo de simetria, família de intervalos privilegiada) mas ela se aplicará, então, automaticamente, como a mudança de módulo; segundo certas leis, uma nota, ou um grupo de notas, será modificada em outras notas ou grupos de notas; ela — ou ele — será, eventualmente, omitida: o que imprimirá em baixo-relevo, por assim dizer, a estrutura assim desaparecida. Esta filtragem se aplica também às relações numéricas; ela prestará um grande serviço para fornecer, durante certo tempo, estruturas negativas, até o momento em que elas reaparecerão positivas, com uma força bem maior.

Parece-me quase inútil precisar que estas reduções da série original são eminentemente variáveis e móveis e que elas podem pretender um papel determinante; elas rompem, com efeito, a rigidez suscitada pelo emprego exclusivo das estruturas primeiras. Séries restritas e defectivas abrandam consideravelmente os mecanismos de dedução, ao mesmo tempo em que alargam os campos de variação.

Algumas perguntas importantes vêm imediatamente ao espírito: como as séries aplicadas às diferentes características do fenômeno sonoro se organizam entre si? Devem elas ser homotéticas? Terão oportunidade de ser independentes e funcionar uma e outra em perspectivas diferentes? São perguntas que encontrarão suas respostas mais tarde quando abordarmos a sintaxe propriamente dita. É-nos preciso, antes de mais nada, estudar ainda o universo no qual as leis seriais se exercerão.

Como conclusão a este estudo teórico sobre a série, entretanto, desejo acentuar um ponto bastante importante, a meu ver: a série, como elemento gerador, não é arbitrária, pois baseia-se em propriedades finitas e observáveis de um conjunto de sons. Desde que a escolha recaia preferivelmente sobre uma série, em virtude de seus poderes organizadores musicais mais ou menos seletivos, o conjunto delimitado pela série original exclui igualmente o arbitrário, pois implica conseqüências necessariamente ligadas a uma seleção que tem por base realidades sonoras. Além disso, nem o compositor utiliza arbitrariamente, neste conjunto assim engendrado, as séries individuais que ele emprega; ele faz uma escolha, realiza uma nova seleção entre as que apresentam um número maior ou menor de propriedades observáveis ou de relações comuns. A confusão entre o desenvolvimento (mesmo permutado) ou a amostragem de um certo número de fenômenos sonoros, e sua hierarquia dotada de um potencial organizador, está na base de muitas discussões inadequadas a uma realidade propriamente musical.

Quanto Ao Espaço

Creio ter feito um apanhado bastante geral da noção de série e ter mostrado um certo número de aplicações variáveis. Eu me permitiria lembrar agora a citação de Louis Rougier, que dei no primeiro capítulo, sobre o método axiomático: "Uma mesma forma pode se aplicar a diversas matérias, a conjuntos de objetos de natureza diferente, com a única condição de que estes objetos respeitem entre si as mesmas relações que as enunciadas entre os símbolos não definidos da teoria". Visando promover uma teoria da série generalizada, é conveniente, portanto, definir as características propriamente ditas do universo sonoro que ela governará; deveremos, por conseguinte, estudar os constituintes deste universo, os espaços onde se movimentarão, e achar-lhes critérios comuns. É necessário, em suma, estender nosso horizonte a outros universos que não sejam iguais àquele ao qual estamos habituados.

No domínio das alturas, nossa definição da série é aplicável a qualquer espaço temperado, segundo qualquer temperamento, em qualquer espaço não temperado, segundo qualquer módulo, quer seja a oitava ou qualquer outro intervalo. Trata-se, parece-me, de um dos objetivos mais urgentes do pensamento musical atual: conceber e realizar uma *relatividade* dos diversos espaços sonoros utilizados. Nossa civilização ocidental certamente levou a polifonia a um alto grau de perfeição: com essa finalidade, ela se impôs uma simplificação, uma "standardização" dos intervalos, devendo estes respeitar, em vista de um melhor rendimento, *normas* gerais; entretanto, chegou, ao que parece, o momento de prospectar espaços variáveis, com definições móveis — tendo oportunidade de evoluir (por mutação ou transformação progressiva) no curso mesmo de uma obra. Esta variabilidade dos espaços está ligada, por um lado, à complexidade e à densidade na estrutura interna, o encadeamento, a distribuição ou a superposição dos fenômenos sonoros, que impedem — por dispersão ou saturação — a percepção de intervalos muito diferenciados; por ourto lado, ao tempo geral que rege a velocidade de desenvolvimento das figuras, devendo o ouvido prender-se algum tempo à percepção dos intervalos para ser capaz de apreciá-los; ligada, enfim, à relação proporcional dos intervalos entre si, sendo uma fina modificação de uma quantidade a outra ainda mais sensível porquanto opera numa ordem de grandeza restrita. (Estas observações, além disso, valem para todas as organizações: durações, dinâmicas, timbres assim como alturas.) Além do mais, a exploração dos intervalos baseados num valor unitário inferior ao semitom depende estreitamente da prática instrumental ou vocal — compreendemos igualmente técnica dos intérpretes e do fabrico de instrumentos de cordas; nenhum intervalo inferior ou mesmo igual ao quarto de tom, por exemplo, será perceptível se tocado ou cantado com *vibrato*: este *esconderá* o intervalo empregado, por ser da mesma ordem de grandeza. As definições móveis do espaço sonoro implicam, portanto, antecedentes teóricos que pediriam uma definição mais precisa, não menos que conseqüências práticas na execução; será preciso na verdade decidir-se a abordá-los, contanto que se modifique a instrumentação a que estamos submetidos atualmente, e a adotar instrumentos suscetíveis de mobilidade em sua adaptação às diversas fases da unidade sobre a qual repousaria o espaço sonoro em evolução.

Acentuamos a variabilidade do espaço, a partir de definições móveis, temperadas ou não. É preciso voltar com mais detalhes a este ponto extremamente importante, pois ele nos leva, por um lado, à noção de *continuum*, por outro lado, à definição qualitativa do espaço sonoro considerado, por ora, sob o ângulo das alturas exclusivamente. Parece-me primordial definir, antes de mais nada, o *continuum*. Não é, certamente, o trajeto contínuo *"efetuado"* de um ponto a outro do espaço (trajeto sucessivo ou soma instantânea). O *continuum se manifesta* pela possibilidade de *cortar* o espaço segundo certas leis; a dialética entre contínuo e descontínuo passa, portanto, pela noção de *corte;* direi mesmo que o *continuum* é esta própria possibilidade, pois ele contém, ao mesmo tempo, o contínuo e o descontínuo: o corte, se o quisermos, muda o *continuum* de signo. Quanto mais o corte se tornar fino, tender para um ípsilon da percepção, mais tenderá para o contínuo propriamente dito, sendo este um limite, não somente físico, mas, antes de mais nada, fisiológico. O espaço das freqüências pode sofrer duas espécies de cortes: uma, definida por um padrão, renovar-se-á regularmente, a outra, não precisa, não determinada, mais exatamente, intervirá livre e irregularmente. Para estimar um intervalo, o temperamento — escolha do padrão — será uma ajuda preciosa, ele "estriará" em suma, a superfície, o espaço sonoro, e dará à percepção — mesmo longe da total consciência — os meios de se orientar utilmente; no caso contrário, quando o corte for livre de se efetuar onde se quiser, o ouvido perderá toda referência e todo conhecimento absoluto dos intervalos, comparável ao olho que deve estimar distâncias sobre uma superfície idealmente lisa. A qualidade do corte define a qualidade microestrutural do espaço liso ou estriado, em relação à percepção; no limite, espaço estriado e espaço liso se fundem no percurso contínuo. Esta fusão é, certamente, previsível na ambigüidade que pode facilmente fazer oscilar de um ao outro: com efeito, é suficiente dispor, num espaço liso, intervalos que mantenham proporções sensivelmente iguais, para que o ouvido os conduza a um espaço estriado; da mesma maneira, se empregarmos intervalos muito dessemelhantes em proporções, num espaço estriado, a percepção os destacará de séu temperamento, para instalá-los num espaço liso: há, nos dois casos, pregnância da disposição, do acidente, em relação ao princípio organizador. Com estas distinções, cuja sutileza, longe de ser gratuita, é baseada na própria realidade, estamos bastante longe do *continuum*

84

definido em seu único limite de percurso contínuo ou de integração total.

Estando assente a noção de corte, resta-nos isolar agora uma outra qualidade do espaço, macroestrutural. Levemos mais longe nossa reflexão: o corte se produzirá regularmente no âmbito geral dos sons audíveis? O módulo, no interior do qual ela opera sobre a série geradora, deverá ser fixo ou poderá variar? Estaremos em condições de conceber um espaço que seria ora liso, ora estriado? A tais perguntas devemos responder utilizando definições radicalmente novas do espaço. Baseamo-nos, exclusivamente, até o presente momento, na proporção 2 : 1 para definir um módulo; eu quero dizer que a oitava constitui o arquétipo — reforçado, aliás, pelo princípio de identidade ao qual a tonalidade tinha dado supremacia — de toda definição do espaço. A construção serial retomou, por sua conta, este arquétipo, sem outra atenção particular; é aconselhável, entretanto, não se ater a este simples fator de desdobramento, se se pretende enriquecer a noção de espaço, e desembaraçá-la, sobretudo, desta identidade por reprodução herdada sem espírito crítico: se evitamos a oitava nas relações estruturais formuladas, seria lógico que se encontrasse um meio de se desembaraçar delas desde o princípio; em outros termos, a oitava real seria apenas uma simples precaução de escrita no seio de um espaço que ela não organiza.

Nós fomos levados, assim, a criar uma diferença entre espaços retos e espaços curvos. Os *espaços retos* serão aqueles cujo módulo invariável reproduzirá as freqüências de base em todo o âmbito dos sons audíveis; este módulo, como esclarecemos, poderá ser um intervalo qualquer, do qual a oitava será um simples caso particular: o limite — sendo os intervalos seguintes tão-somente os intervalos precedentes acrescentados à oitava; o âmbito total das freqüências conterá um certo número de vezes este módulo de base, decompor-se-á em uma soma determinada de campos iguais. Os *espaços curvos* serão aqueles que dependem de um módulo variável, regular ou irregularmente: se esse módulo é variável regularmente, teremos um espaço curvo focalizado; a irregularidade do módulo terá como conseqüência a criação de um espaço curvo não focalizado. Chamaremos foco o módulo de *definição* a partir do qual

85

todos os outros se *definirão*. No momento em que o foco de um espaço curvo focalizado se situar em um ponto qualquer do âmbito, teremos então espaços de simetria parcial; uma simetria total se instaurará no momento em que o foco se situar no meio do âmbito; o foco situado numa das extremidades dará um espaço unidirecional. Um espaço curvo assim constituído é naturalmente suscetível de um ou mais focos. Chamaremos agora *espaços regulares* os que, qualquer que seja o módulo empregado, adotam sempre o mesmo temperamento; eles serão *irregulares* no caso contrário. Esta variação de corte pode se estabelecer em função de um corte de base e os *espaços irregulares* serão então focalizados. Eles serão não focalizados no caso contrário. Tudo o que acabamos de enunciar sobre os focos nos espaços curvos se aplica igualmente aqui. As diversas categorias: retas, curvas, regulares, irregulares, competem aos espaços estriados. Os espaços lisos, quanto a eles, não se podem classificar senão de uma maneira mais geral, isto é, pela distribuição estatística das freqüências que aí se encontram. Se a distribuição é relativamente igual em todo o âmbito, o espaço será não dirigido; haverá, de certa maneira, um ou mais pseudofocos quando a distribuição, desigual, se tornar mais densa, se contrair em um ou mais pontos. A ambigüidade subsiste entre espaços lisos e espaços estriados; um espaço liso fortemente dirigido terá tendência a se confundir com um espaço estriado; inversamente, um espaço estriado, em que a distribuição estatística das alturas utilizadas *de fato* for igual, terá tendência a se confundir com um espaço liso. Entretanto, a determinação pertence ao contexto, que colocará em destaque essa ambigüidade ou a anulará.

Estabeleceremos, finalmente, o seguinte quadro:

I. *Espaços homogêneos*

    A. Espaços estriados:

        1. Corte determinado, fixo ou variável ⸲

           a. Módulo fixo: espaços retos

           b. Módulo variável: espaços curvos

                Focalizados $\begin{cases} \text{Um foco} \\ \text{Vários focos} \end{cases}$

                Não focalizados

2. Módulo fixo ou variável

    a. Corte determinado fixo: espaços regula res

    b. Corte determinado variável: espaços irregulares

Focalizados $\begin{cases} \text{Um foco} \\ \text{Vários focos} \end{cases}$

Não-focalizados

B. Espaços lisos:

Corte indeterminado; sem módulo

Distribuição estatística das freqüências

Igual: espaços não dirigidos

Desigual: espaços dirigidos pseudofoco(s)

II. *Espaços não homogêneos*

Espaços lisos/estriados $\begin{cases} \text{alternância} \\ \text{superposição} \end{cases}$

Veremos que este quadro se aplica ao tempo se se toma o cuidado de aí fazer intervir o tempo. Pois distinguiremos igualmente duas categorias no tempo musical: o tempo *pulsado* — se é que posso empregar este termo, o único que me parece convir à descrição do fenômeno ao qual quero me referir — e o tempo *amorfo*. No tempo *pulsado,* as estruturas de duração se referirão ao tempo cronométrico em função de uma referenciação, de uma *balizagem* — pode-se dizer — regular ou irregular, mas sistemática: a pulsação, sendo a menor unidade (mínimo múltiplo comum de todos os valores utilizados), ou um múltiplo simples desta unidade (duas ou três vezes o seu valor). Já assinalei que todos os valores podem praticamente se reduzir seja a uma pulsação única e regular, seja a duas pulsações desiguais que observem a proporção de dois para três; as exceções são raras e provêm de uma divisão truncada da unidade. O tempo *amorfo* não se refere ao tempo cronométrico senão de uma maneira global; as durações, com proporções (não valores) determinadas ou sem nenhuma indicação de proporção, se manifestam em um campo de tempo. O tempo pulsado, isolado, é suscetível de ser modificado pela velocidade, aceleração ou deceleração: a referenciação regular ou irregular sobre a qual se funda, é função, com efeito, de um tempo cronométrico mais ou menos restrito, amplo, variável; a relação do tempo cronométrico e do número de pulsações será o índice de velocidade. O tempo amorfo será somente mais ou menos denso segundo o número estatístico de acontecimentos que ocorrerão durante um tempo global cronométrico; a relação desta densidade com o tempo *amorfo* será o índice de ocupação. Retomemos nossa comparação, que ilustrará essas noções abstratas. Disponhamos, abaixo de uma linha de referência, uma superfície *perfeitamente* lisa e uma superfície estriada, regular ou irregularmente, pouco importa; desloquemos esta superfície lisa *ideal,* não poderemos nos dar conta nem da velocidade nem do sentido de seu deslocamento, pois o olho não encontra nenhum ponto de referência ao qual se prender; com a superfície estriada, ao contrário, o deslocamento aparecerá imediatamente tanto na sua velocidade quanto no seu sentido. O tempo amorfo é comparável à superfície lisa, o tempo *pulsado* à superfície estriada; eis por que, por analogia, denominarei as duas categorias assim definidas *tempo liso* e *tempo estriado.*

Se quisermos aplicar aos tempos lisos e estriados o que dissemos das alturas, é necessário fazer, antes, uma série de observações sobre o alcance prático das noções expostas. É possível *realizar* os espaços estriados e lisos, e, em caso positivo, *como* realizá-los? O problema parece simples, em princípio. Seria suficiente construir instrumentos onde se pudessem variar livremente as escalas de uma maneira precisa, segundo combinações preparadas e ordenadas — processo comparável à preparação das registrações no órgão moderno. Estes instrumentos de forma alguma inimagináveis ou irrealizáveis, deveriam se conceber a partir de materiais pouco suscetíveis de serem modificados pelas variações atmosféricas quanto à umidade, calor, etc.; em resumo, eles deveriam "segurar" ao máximo o "acorde", segundo a expressão corrente. Instrumentos "naturais" chegariam a preencher essa condição? Isso é muito duvidoso na maioria dos casos; se pensarmos como é difícil conseguir que certos instrumentos se aproximem suficientemente do temperamento de semitom, as conjeturas às quais podemos nos entregar, no que concerne aos universos mais diferenciados, são nitidamente pessimistas; e ainda mais pessimistas se pensarmos na reunião de um número elevado de instrumentos. Os espaços não-homogêneos arriscam-se a se produzir — será mesmo a probabilidade mais certa! mas não serão controlados. Deve-se utilizar, para certas realizações, instrumentos *condicionados*? O órgão construído pelo professor Fokker, segundo o temperamento ao quinto tom de Huyghens, mostra o caminho; imagina-se o que se poderia obter de um órgão cujos jogos não correspondessem a timbres particulares, mas a definições diferentes do espaço sonoro; o teclado — ou todo meio de mediatizar o som — seria a tablatura que faz corresponder interpretações variadas a um símbolo único. O material mais independente das condições atmosféricas continua a ser, no entanto, a vibração eletrônica, e é provavelmente para ela que nos veremos cada vez mais levados a recorrer, se quisermos chegar a um *instrumento* correspondente a nossas visões teóricas sobre o espaço sonoro; por um determinado número de operações seria certamente possível obter mais ou menos tudo que é audível — e até mais — praticando cortes, de qualquer maneira que seja, no *continuum*. Munido de um cérebro eletrônico com memória, para gravar e efetuar todas as combinações possíveis, este instrumento ideal prestaria eminentes serviços... É permitido sonhar com sua realização teórica; praticamente, a instrumentação se choca com forças de inércia consideráveis, com as quais é preciso compor se não se quiser limitar-se a escrever músicas de arquivos. O sucesso pletórico de instrumentos como o xilofone, os jogos de sinos, etc... provém eminentemente desta nostalgia para espaços relativos, realizados empiricamente sobre instrumentos com espectros complexos, evoluindo consideravelmente segundo a dinâmica, e a tessitura; o emprego de objetos sonoros obtidos a partir de instrumentos bastante opostos, aos modos de ataque sistematicamente antinômicos, indica igualmente essa vontade de *superação* do espaço temperado, tirando partido das próprias qualidades que contradizem do modo mais violento seu princípio: abertamente, as características naturais dos instrumentos entram em luta com a divisão imposta teoricamente. Esta pesquisa empírica é das mais frutíferas, pois não se pode absolutamente desprezar, longe disso, o que o material musical é capaz de engendrar; mas ela não poderia impedir-nos de ver mais longe e de tender à realização prática do que consideramos indispensável à evolução dos meios de expressão.

Se mencionei de modo insistente a realização de novos espaços sonoros por instrumentos, eletrônicos ou não, é que me parece extremamente importante não abandonar o "império musical" somente aos meios eletro-acústicos mecânicos. Estes últimos, já o dissemos, serão certamente capazes de nos dar em breve satisfação sobre muitos pontos; nem por isso continuarão a ser menos congelados, prisioneiros de uma realização fixa e definitiva. O futuro, pensando bem, não me parece tanto pertencer à fita magnética neste domínio, e à gravação nessa fita de fenômenos sonoros criados por uma aparelhagem especializada; mas — como duas realizações o mostraram em Munique e em New York — uma visão mais exata das coisas leva a uma *codificação* pelo emprego de sistemas de cartão ou fita perfurados. Para criar um universo sonoro eletrônico, o recurso a meios artesanais é um método que não me parece pensado de uma maneira conseqüente, enquanto que a automação convém exatamente, creio eu, a esta direção da pesquisa. De uma forma ou de outra, instrumentos de tablatura e processos eletro-acústicos puros chegarão a nos dar todos os espaços sonoros, o que sentimos como primordial na fase atual, e futura, da evolução musical.

Voltemos ao problema das durações, veremos que é da mesma ordem; mas uma diferença fundamental intervém, que opõe estas duas qualidades do acontecimento: alturas e durações. Que diferença? O tempo. Como apontei mais acima, os únicos espaços não temperados ou não-homogêneos que se podem *facilmente* realizar são devidos exclusivamente ao acaso, perfeitamente incontrolável; não se poderia, de maneira nenhuma, contar com estes acidentes do material ou do intérprete! Nas durações, em compensação, dois meios se apresentam para obter valores em que a proporção de tempo se afinaria em relação a nossos conceitos atuais: se certas divisões não podem se realizar a não ser por intermédio dos procedimentos eletromecânicos, outras serão suscetíveis de existir graças ao intérprete e à noção de tempo. No primeiro caso, obter-se-ão resultados exatos, determinados; no outro, resultados em função de um campo variável. Antes de desenvolver este ponto, é-nos necessário prosseguir, levando ainda mais longe nossa comparação entre tempos lisos e espaços lisos, tempos estriados e espaços estriados.

A pulsação é para o tempo estriado o que o temperamento é para o espaço estriado; assinalamos, para o espaço, que, segundo o corte fixo ou variável, o espaço determinado será regular ou irregular; mencionamos igualmente que a pulsação do tempo *estriado* será regular ou irregular, mas sistemática. Esta pulsação não é realizável — manual ou intelectualmente falando — a não ser no caso em que ela observa proporções relativamente simples; assinalamos, ao estudar a série de durações, que seria praticamente impossível realizar a sucessão de certas proporções ou sua superposição, como, por exemplo, divisões ímpares, truncadas, sobretudo quando aí se intercalam pausas. Se as mudanças de proporções são complexas, precisas, e instantâneas — isto é, descontínuas —, ou se as variações da pulsação são rigorosas, somente os meios eletromecânicos as realizarão com a exatidão requerida. Tomarei um exemplo: suponhamos que eu estabelecesse uma escala logarítmica de tempo no próprio interior de um valor que faça parte de uma série geral (e não ordenando os múltiplos da unidade, como sempre é o caso); por pouco que haja estruturas baseadas nos valores de subdivisão — isto é, que não se sucedam numa ordem crescente ou decrescente — não poderei realizá-las manualmente, terei de recorrer a um controle mecânico; as únicas sucessões que eu poderia aproximadamente interpretar serão a ordem crescente ou decrescente. Como assim? Por um subterfúgio, que consiste em anotar valores iguais, mas em variar o tempo; em outros termos, eu divido a estimativa do valor em duas operações; concebo uma proporção simples em relação à pulsação, modifico a velocidade de desenvolvimento desta pulsação de modo que seu tempo cronométrico evolua no sentido preciso em que o desejei. Tomei, de propósito,

91

o exemplo da escala logarítmica, exemplo simples, pois se confunde com uma pulsação igual produzida por uma dimensão elementar constante do tempo: o *accelerando* ou o *ritardando;* mas, a partir da dialética entre pulsação e velocidade de desenvolvimento, pode-se, praticamente, *recuperar* todas as possibilidades de proporções que tínhamos deixado para a máquina. É suficiente, com efeito, conceber sobre pulsações irregulares e irregularmente subdivididas — mas sempre realizáveis, isto é, aquém de uma certa complexidade de proporções e de divisões que já assinalamos — a ação de todos os invólucros possíveis de tempo: linhas retas, linhas quebradas, linhas curvas (de evolução constante, de evolução irregular, de evolução flutuante). Desde o instante em que visualizei o valor cronométrico sob um aspecto bidimensional e bifuncional, posso atingir uma alta diferenciação, ainda que devendo sempre levar em conta a margem de imprecisão, do campo geral onde existe esta diferenciação. Há portanto, entre os meios mecânicos e os meios humanos de realizar as durações, não absolutamente uma diferença fundamental, como na realização dos espaços sonoros, mas uma diferença de ordem de grandeza na precisão e na descontinuidade da operação. Viu-se, com efeito, que, se a escala logarítmica é transcrita mecanicamente em todas as suas permutações, ela tem necessidade, para ser realizada humanamente, de se inscrever numa curva envolvente. As diferenciações de duração possíveis do ponto de vista do intérprete são, em resumo, uma limitação por invólucros dirigidos, diferenciações possíveis mecanicamente; entretanto, o que se perde em precisão, ganha-se em flexibilidade de articulação, vantagem bastante apreciável em muitas eventualidades.

Munidos destas precisões pormenorizadas sobre a dialética: proporções relativas *tempo,* podemos pensar em prosseguir a classificação dos tempos. Correspondendo aos espaços retos, os *tempos retos,* qualquer que seja o corte, observarão um módulo constante; em outros termos, estando os valores de origem compreendidos entre dois limites, os valores derivados estarão compreendidos entre múltiplos da relação definida por estes dois limites; os *tempos curvos,* ao contrário, farão os valores derivados depender de uma função da relação definida por estes dois limites (todos os valores aumentarão, ou todos os valores diminuirão, por exemplo, segundo se vá neste ou naquele sentido do registro do tempo). Os *tempos regulares*, qualquer que seja o módulo, serão aqueles em que o corte permanecerá fixo; *irregulares*, em que o corte variará (segundo uma proporção numérica definida ou segundo o tempo). Os *tempos lisos* não terão nem corte, nem módulo; assim como para as alturas, será a distribuição estatística que dará a esses tempos a qualidade de: dirigidos ou não dirigidos. Como precedentemente, os tempos estriados curvos ou irregulares serão ou não focalizados, o ou os focos ordenando as simetrias parciais ou totais. Da mesma forma, teremos *tempos homogêneos*: exclusivamente lisos ou estriados; *não-homogêneos* quando os tempos estriados e os tempos lisos se alternarem ou se superpuserem. Similarmente às alturas, ainda, a ambigüidade entre liso e estriado está prestes a se manifestar durante a ordenação das durações, suscetíveis de duas interpretações. Quer se coloque em uma das duas categorias, o tempo é, segundo a distribuição das durações, direcional ou não direcional; mas uma distribuição estática em um tempo estriado tenderá a dar a impressão de um tempo liso, esquanto que uma distribuição diferenciada, *dirigida,* num tempo liso, especialmente a partir de valores vizinhos, confundir-se-á facilmente com o que se pode habitualmente obter de um tempo estriado.

Uma das conseqüências dessa ambigüidade se observa correntemente quando se abandona a notação proporcional de tempo, para dar equivalências em medidas cronométricas, em segundos. Que se passa, então? O intérprete, em vez de realizar um tempo liso, encontra automaticamente um tempo estriado, no qual a unidade de referenciação será o segundo — recai sobre a unidade metronômica igual a 60; isto confirma bem como, na maioria dos casos, uma notação diretamente cronométrica é falsa e ilusória, pois desemboca diretamente no resultado contrário àquele que se procura. O verdadeiro tempo liso é aquele cujo controle escapará ao intérprete. Citarei um caso particular, que transmitirá melhor meu pensamento; suponhamos que um grupo de instrumentos toque num tempo estriado — sob a direção de um regente; dois instrumentos devem tocar, num tempo liso global, ora estruturas de tempo liso, ora estruturas de tempo estriado, diferente daquele do grupo. Devido a essa alternância, os dois instrumentistas perderão inteiramente a noção do tempo estriado regular que vai junto com eles e, *obrigatoriamente*, se colocarão assim num tempo liso global. Certos sinais irregulares do maestro contribuirão, mais ainda, para frustrar toda veleidade que um tempo estriado tenha de tomar corpo. Dei este exemplo para mostrar que o tempo liso é muito mais sutilmente organizado que por uma simples cronometria expressa em segundos, limitando-se esta última, em definitivo, a um tempo estriado elementar, salvo num caso preciso: quando se tem diante de si o instrumento de medida, isto é, o cronômetro. Com essa única condição, pode-se ser completamente independente, pois não se tem mais de participar das duas operações: contar o tempo e ocupá-lo. Era aí que eu queria chegar finalmente, a essa definição de operações que constituem o tempo liso e o tempo estriado: no tempo liso, ocupa-se o tempo sem contá-lo; no tempo estriado, não se conta o tempo para ocupá-lo. Essas duas relações me parecem primordiais na avaliação teórica e prática das estruturas temporais; são as leis fundamentais do tempo em música.

Lembramos, enfim, que, na classificação que acabamos de estabelecer, encontramos as noções de contínuo e de descontínuo ligadas pelo *corte;* a variabilidade da unidade de corte se obtém seja diretamente (qualquer que seja o corte — divisão par ou ímpar da unidade, utilizada em qualquer proporção — é sempre possível mecanicamente), seja pela mudança de tempo (valores aproximativos); quando o intervalo de corte tende para o ípsilon de percepção, passar-se-á do descontínuo ao contínuo.

O universo dos timbres não se deixa apreender tão facilmente, como também aliás o das amplitudes. Curiosamente, seu emprego habitual se baseia em características exatamente contrárias: os timbres são empregados correntemente de uma maneira descontínua, fora das excepcionais pesquisas de ambigüidade a partir de grupos instrumentais, enquanto que a dinâmica usa, na maioria dos casos, de um gesto contínuo. Uma das dificuldades maiores que se encontram na interpretação da música contemporânea é a realização de uma dinâmica descontínua que se limitou, até o presente momento, a acentos *subito sforzando* ou a *piano subito*. No entretanto, nesses dois domínios, não se poderia observar o mesmo rigor que nas alturas e durações. Por um lado, a organização dos timbres não admitirá a noção de corte da maneira como estabelecemos precedentemente; se se opera sobre as freqüências ou sobre durações — e mesmo sobre amplitudes medidas eletro-acusticamente — opera-se sobre dados simples, lineares, enquanto que o timbre é uma função complexa da altura, da duração, e da amplitude: o *continuum* do timbre implica pois o *continuum* da própria função complexa. A amplitude, por outro lado, tem na prática musical um âmbito muito mais restrito que as três outras qualidades do som e, salvo o caso de controle por aparelhos de medida, o corte só tem oportunidade de ser exato quando é suficientemente amplo; reduzido pelo âmbito e pelas restrições naturais do corte, o domínio da amplitude não é suscetível de uma tão grande diversidade de meios. O emprego habitual do timbre e da amplitude apenas exprime estas leis profundas de sua existência.

Pode-se retomar a denominação de liso e estriado, sem ignorar os limites e as impossibilidades desta "transcrição", adaptando-os à complexidade do timbre como restringindo-os à estreiteza da amplitude: antes de mais nada, subsiste a dialética contínuo-descontínuo. No que concerne aos timbres, o módulo poderá ser assimilado a uma determinada sucessão de timbres ou de grupos de timbres, formando período; sendo o corte, por analogia, cada elemento, ou grupo de elementos, que compõe este período; o foco será então definido por: uma mesma família de que fazem parte timbres semelhantes. Por meio dessa adaptação, as grandes divisões do espaço estriado e do espaço liso são aplicáveis aos timbres. Cumpre lembrar que por timbre eu entendo não somente o espectro propriamente dito, mas igualmente o perfil de ataque, o regime de manutenção e a queda de que a evolução do espectro é inseparável; em outras palavras, não concebi o timbre em seu aspecto estático, mas também em sua cinemática. No que concerne às amplitudes, dimensão simples, nada deve ser mudado no quadro, mas, como já assinalei, tudo se produzirá num âmbito restrito: as variações sobre o módulo são extremamente limitadas especialmente — instrumentalmente falando — numa música de solistas; a partir de um certo número de executantes, pode-se jogar com a densidade de emprego e com a diferença das escalas dinâmicas próprias a cada instrumento, o que alarga consideravelmente o âmbito. Na música eletro--acústica, o problema se coloca, naturalmente, em outros termos, uma vez que se estabelecem proporções que, por amplificação, podem ser "transcritas" à vontade até o limite de potência dos meios de transmissão. O que se obtém por amplificação num circuito de alto--falantes, obtém-se instrumentalmente — *grosso modo,* é claro — por um grupo numeroso de instrumentos de escalas dinâmicas muito diferenciadas. Encontramos, por conseguinte, na amplitude a dualidade que temos observado entre proporções absolutas e tessitura, entre proporções numéricas da duração e tempo: a amplitude, no caso das transmissões eletro-acústicas, possui, muito exatamente, proporções absolutas e tessitura (mensurável em pressão): no caso de uma reunião de instrumentos, a amplitude relativa global — tessitura geral — é função da amplitude relativa individual — tessitura parcial.

Quanto ao espaço *real,* pois ele é uma distribuição das estruturas e uma função dos quatro componentes, como já vimos, é preciso adotar nossa definição como fizemos para os timbres: o módulo será a ligação de uma distância periódica com a periodicidade dos elementos, ou grupos de elementos aí inscritos. O corte se assimilará à divisão dessa distância correspondente a um elemento ou um grupo de elementos do período; sendo o foco definido por: ponto ou superfície acoplados a uma família determinada de fenômenos.

Antes de prosseguir nossa exposição e de abordar a sintaxe propriamente dita, faremos uma observação concernente à palavra proporção; com efeito opusemos as proporções — de freqüências, entre outras — isto é, progressões geométricas, e as progressões aritméticas — especialmente nas durações; dissemos especialmente que umas não tinham nenhuma relação funcional com as outras. Isto seria, sem dúvida, ser um tanto precipitado e esquecer a definição de progressões geométricas e aritméticas e não se lembrar do papel que desempenha o logaritmo. Lembremos sua definição: termo de uma progressão aritmética que começa por zero e que corresponde pela ordem a um termo de uma progressão geométrica que começa pela unidade; a uma progressão geométrica, corresponderá, então, por logaritmo, uma progressão aritmética. Desta relação, temos quotidianamente a experiência conforme falemos das alturas em intervalos ou em relações de freqüências. Se eu quiser definir uma quarta, posso fazê-lo tanto por uma progressão aritmética (oitava menos quinta) como por uma progressão geométrica (2 × 2/3 = 4/3); da mesma forma, dois semitons dão um tom, dois tons dão uma terça maior, etc. por adição; se eu quiser obter a relação de freqüências de uma terça, multiplico uma pela outra as relações das duas segundas. Inversamente, ao acrescentar freqüências, eu obtenho uma escala logarítmica de intervalos: a seqüência de freqüências 40 — 80 — 120, etc. me dá a seqüência de intervalos: oitava, quinta, quarta, etc. Analogamente, nas durações, multiplicando a unidade pela seqüência dos números inteiros, obtenho uma progressão aritmética (*exemplo 11*); mas se multiplico um múltiplo da unidade pela seqüência dos números inteiros, obtenho uma progressão geométrica.

Exemplo 37

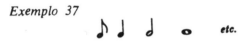

Eu obterei uma progressão geométrica se dividir a unidade pela seqüência dos números inteiros (*exemplo 12*); mas, no interior de uma determinada divisão, terei *uma* progressão aritmética do submúltiplo até a unidade.

Exemplo 38

Longe de ver, superficialmente, apenas ausência de função entre progressão aritmética e geométrica, é preciso colocar em destaque, ao contrário, que sua relação é uma das funções principais dos constituintes musicais. Eis por que se pode muito bem transcrever por lógaritmo uma série geométrica numa série aritmética; em outras palavras, relações proporcionais em adição de intervalos, e reciprocamente; o que permitirá passar das freqüências às durações, e inversamente, de uma maneira eminentemente flexível e perfeitamente justificada. É da mesma forma interessante misturar as duas progressões, ou seja: inscrever progressões aritméticas entre os termos de uma progressão geométrica, ou progressões geométricas entre os termos de uma progressão aritmética — pode-se mesmo acrescentar: entre ou a partir de. No caso das alturas, isto nos dará, por exemplo, séries harmônicas sobre uma dada freqüência utilizável no emprego das ressonâncias ou a escrita de "mutações"; no caso das durações, isto nos levará a fracionamentos dos múltiplos da unidade.

Eu me permiti esse desenvolvimento, primeiro porque eu o acho importante no andamento teórico que visa a unificar, a dar uma síntese dos diversos domínios do som; em seguida porque certas objeções superficiais pediam há muito uma refutação. O rigor dos raciocínios assim como a exatidão das definições me parecem indispensáveis se quisermos atingir um nível de qualidade na especulação (ressaltei, por exemplo, a confusão entre período e fase, dois termos que têm, entretanto, definições científicas perfeitamente estabelecidas; de uma maneira ainda menos explicável, falou-se da energia muscular confundindo-a com a velocidade devida a uma queda livre); eis por que nos permitimos insistir sobre a exatidão das definições morfológicas. Examinamos, portanto, o que é o princípio serial e em que meios ele age; chegamos ao terceiro termo: como estes meios diversos se organizam entre si segundo o princípio serial? Desembocamos, por conseguinte, na lógica das *relações*.

Inventário e Repertório

Esboçamos, no processo de nosso desenvolvimento, as relações que podiam entreter as diversas funções seriais. É-nos necessário precisar, entretanto, que a série possui caracteres intrínsecos: eles dependem, como vimos, de sua própria estrutura, das figuras isomorfas que contém, das simetrias que encerra e, conseqüentemente, dos poderes seletivos que ela detém. Mas devemos notar, desde já, que ordenamos as séries entre elas segundo caracteres extrínsecos; eles pertencem a duas espécies em dependência de critérios que chamaremos: critérios de definição ou de seleção, e critérios de combinação, ou de arranjo. Antes de nos explicarmos detalhadamente sobre estes diversos pontos, é-nos necessário voltar ao *jogo* das estruturas seriais umas em relação às outras.

No curso de nosso estudo, foi indicado que as relações entre alturas e durações se estabelecem de simples para simples, de simples para complexo, de complexo para complexo, mas que entre alturas e durações de um lado, dinâmicas e timbres de outro, eles se estabelecem, além disso, de simples para conjunto, de simples para conjunto de conjuntos, de complexo para conjunto, de complexo para conjunto de conjuntos. Lembremos, igualmente, como dizíamos bem no princípio deste capítulo que a interação ou interdependência agem por composição vetorial, e poderia haver quer organização principal, ou primordial, e organizações secundárias ou anexas; quer organização global, levando em conta as diversas especializações, sem esquecer os estágios intermediários de predominância de certas organizações em relação a outras.

É este último ponto que consideraremos primeiramente. Parece-me, com efeito, ilusório querer obrigatoriamente ligar todas as estruturas gerais de uma obra a uma mesma estrutura de engendramento global, da qual decorreriam necessariamente para assegurar coesão e unidade — tanto quanto unicidade — da obra. Esta coesão e esta unicidade não poderiam, a meus olhos, obter-se tão mecanicamente; eu antes encontro sobretudo no princípio da obediência das estruturas a um poder central, um recurso aos "modelos" newtonianos, que está em contradição com os desenvolvimentos do pensamento atual. O problema não é novo, aliás; ele já se havia colocado na geração precedente no que diz respeito às séries de alturas. Schoenberg tinha admitido implicitamente que uma única série deve ser responsável por uma obra inteira — quaisquer que sejam sua duração, sua importância e a diversidade de seus "momentos"; se ele não erigiu esse método como princípio, sempre o praticou, e seus discípulos não deixaram de transformar em regra de ouro esta constatação. Quanto a Webern — notemos que as proporções de suas obras são sempre bastante restritas —, ele obedece ao mesmo imperativo: a unicidade da série de base. Entretanto, como sua *Segunda Cantata* nos fornece uma deslumbrante demonstração, ele se esforçou,

99

cada vez mais, para construir cada parte da obra sobre caracteres específicos dados, excluindo todas as outras possibilidades contidas na série. A seleção que ele opera em vista de organizar *conjuntos seriais restritos,* repousa nas funções seriais propriamente ditas, isto é, sobre as regiões privilegiadas que aí se encontram e as relações que dela decorrem; ela repousa também sobre as funções de encadeamento, ou seja, sobre regiões privilegiadas que se situam no início e no fim da série. Na *Segunda Cantata,* por exemplo, o primeiro movimento não utilizará senão duas séries, enquanto que o segundo "consumirá" as vinte e quatro transposições (originais e invertidas). Encontra-se em germe, em Webern, uma idéia extremamente proveitosa, que consiste em tomar a série como fator de unificação de *subgrupos* e de *supergrupos.* Com efeito, todas as figuras isomorfas que se encontram nas estruturas de base subordinam-se ao fato de que se desenvolverão sempre na mesma ordem, segundo transposições e inversões dadas; elas se integram num total cromático, condição *sine qua non* da série de doze semitons. Estas figuras isomorfas estão na base de conjuntos privilegiados que reconstituem, num estágio superior, o que elas representam no interior da série; o conjunto obtido por encadeamento das séries com privilégios determinados será, de certa forma, uma série superior. A própria série pode, então, se considerar como poder estrutural de *mediação* entre subgrupos e supergrupos. Berg, por sua vez, captou claramente o interesse que se encontra em não se contentar com uma série única, mesmo ao selecionar suas diversas formas para agrupá-las em conjuntos restritos; já embrionário numa cena de *Wozzeck* (a Passacale do ato 1), a idéia de deduzir outras formas da série primitiva, para alcançar características renovadas não mais o deixará. Na *Suíte Lírica,* a série do primeiro movimento adquire, no terceiro movimento, uma personalidade diferente, por uma mudança na ordem de sucessão dos sons; personalidade que, do terceiro ao quinto movimento, se transforma ainda, graças a duas modificações suplementares. Em *Lulu,* por diversos métodos — como o retorno a uma horizontal dessemelhante de formas verticais deduzidas da original horizontal, as permutações obtidas por descontos regulares — ele cria, a partir da série primordial, um conjunto de séries derivadas, destinadas a caracterizar personagens ou situações. O gesto de Berg, mesmo na *Suíte Lírica*, é tão dramático quanto orgânico; sobretudo em *Lulu*, suas derivações seriais conduzem, o mais das vezes, a organismos temáticos, que têm oportunidade, assim, de marcar suas oposições. As três personalidades que eram Schoenberg, Webern e Berg nos mostraram, assim, sob que ângulos diferentes estávamos livres para conceber a função serial em relação à organização de uma obra. Entretanto, eles sempre se referiram a um conjunto de base, implícito ou explícito: as quatro vezes doze formas fundamentais da série; qualquer que seja sua atitude sobre a especificidade ou a unicidade da forma serial a ser empregada, eles sempre se restringiram a uma destas formas. Finalmente, é notório que — exceto Berg, mesmo assim episodicamente — a noção de permutação circular que age sobre uma série não entrava em suas cogitações, não coincidia com sua concepção; para eles, o quadro de conjunto é formado de séries que terão sempre identicamente começo e fim — daí se explica em Webern a importância extrema conferida ao encadeamento.

Encontramos os mesmos problemas colocados hoje de maneira mais geral:

1. Para o conjunto das componentes, devemos nos ater a uma organização única?

2. Para cada componente encarada individualmente, devemos, igualmente, nos ater a uma organização única?

No que diz respeito ao conjunto das componentes, o raciocínio que consiste em justificar a organização única pelo caráter único de uma determinada obra não me satisfaz absolutamente. Ele coincide com a prática schoenbergiana no que ela tem de menos imaginativo, se nos limitamos estritamente ao método que ela implica. Querer falar de organização determinada, reservada unicamente a uma obra determinada, parece-me, aliás, desconhecer a lei dos grandes números, e cair por conseguinte na pura utopia. Como se pode imaginar que, a partir de elementos de base similares, os complexos deduzidos não se ordenarão numa família de relações, segundo certos arquétipos? Talvez não sejam os mesmos *objetos* que encontraremos no curso de duas obras diferentes, mas eles serão da mesma espécie; e, neste sentido, se as combinações são ilimitadas, os tipos não o são, longe disto! Não deveríamos continuar a nos iludir sobre a faculdade que teria nossa percepção de reduzir os diversos fenômenos sonoros, como altura e duração, a esquemas comuns; as experiências mais recentes provariam, entre outras coisas, a insuficiência da lei de Weber-Fechner; a prática musical, de resto, convence-nos de que não se "medem" os intervalos como as durações, considerando atentamente todo problema de educação — ainda que sejam categorias que percebemos com o máximo de acuidade. Para comparar uma duração com outra, se elas não observam uma relação simples e não fazem parte de uma figura ou de um metro repetido que "conta" então para nós, vemo-nos obrigados a "contar" o tempo por meio de um padrão escolhido — quer seja o segundo ou a unidade que, no momento, nos parece a mais apropriada. Se quisermos avaliar diretamente uma freqüência, não há nenhuma necessidade, para quem possui ouvido absoluto, de tomar uma referência: a estimativa se fará no semitom próximo, se estivermos em presença de intervalos não temperados; ela se torna mais delicada com os micro-intervalos, especialmente quando eles se produzem numa ordem de grandeza inteiramente restrita. Certas tradições acentuam inegavelmente a educação da percepção das durações, bem mais do que costumávamos fazer; um hindu terá provavelmente mais perspicácia de ouvido na estimativa do tempo, da mesma maneira que manifesta uma superioridade na avaliação dos pequenos intervalos; entretanto, jamais encontrei, até o presente momento, um músico que tivesse, do ponto de vista da duração, "ouvido absoluto", para não falar do tempo e da dinâmica. Quanto aos timbres, se os reconhecermos quase instantaneamente — com exceção de certas combinações breves e complexas — é que eles se apresentam no estado de conjuntos organizados, visto que a memória está em condições de reter facilmente a individualidade dos timbres puros — instrumentalmente falando — considerando-se seu número reduzido. Levando em conta a complexidade real da percepção, não se pode dizer que a organização única responderá melhor a suas necessidades que organizações múltiplas; esta organização única será, talvez, uma hipótese mais sedutora para o espírito — ainda que todos os espíritos não estejam inclinados aos mesmos encantos — mas seria inútil justificá-la de outra maneira.

Nós consideraremos que a organização única é um caso particular, que não exclui absolutamente as outras; se quisermos, será prolongar o emprego schoenbergiano da série. Pode-se conceber principalmente os prolongamentos weberniano e bergiano. Entendamo-nos: emprego estes termos relativamente aos casos precedentemente expostos; mas, para evitar qualquer confusão, eu estabelecerei os três tipos de utilização da série numa determinada obra:

— Unicidade da hierarquia serial; tipologia e caracterologia fixas (Schoenberg).

— Unicidade da série; seletividade devida às características estruturais internas (Webern).

— Série(s) multiforme(s) de tipologias e caracterologias variantes (Berg).

Já nos explicamos sobre o primeiro tipo; passemos ao segundo, que oferece possibilidades mais variadas. Partiremos, neste caso, de uma série fundamental, e atribuiremos a cada uma das componentes sonoras um conjunto selecionado por particularidades comuns; cada componente estará ligada a um ordenador central, mas viverá de suas próprias características; assim, não deveremos encarar em cada domínio o conjunto das propriedades, mas um subconjunto. Alargando a noção que mencionamos mais acima sobre a série de alturas em Webern, poderemos dizer que a série será considerada como poder estrutural de mediação entre subconjuntos e superconjuntos. A seletividade conferirá funções particulares a cada componente sonora, que terá largueza para envolver as outras, assim como poderá ser ordenada segundo a força de seletividade que desenvolverão umas em relação às outras. Este jogo de balança não poderia propriamente acontecer senão no caso de estruturas assim organizadas: medir-se-á, pois, seu interesse.

O terceiro tipo de relações é bem mais complexo; é preciso, contudo, afastar-nos do pensamento original de Berg para explorar inteiramente o domínio que lhe é destinado. Neste último tipo, podemos instaurar, com

103

efeito, uma série fundamental, cobrindo estruturalmente uma das componentes, aplicando-se suas transformações às outras componentes; obter-se-á não mais um jogo de gangorra, uma luz cambiante sobre a importância desta ou daquela organização, mas um antagonismo de funções divergentes, umas submetendo as outras. Quando se amplia este princípio, chega-se a séries que obedecem a critérios de organização completamente diferente, ligados, entretanto, de início, por paralelismos de estrutura, na verdade por *acidentes* de colocação, se assim posso me expressar. Entendo por isto que os organismos divergentes tenham sido ligados em figuras *primeiras* por relações que se respeitarão durante todo o decorrer da obra; penso que não há necessidade de precisar o paralelismo das estruturas, quer ele se manifeste no corte, na organização ou na repetição das séries.

Tendo definido os três tipos de organização que regem as relações das quatro componentes, resta-me falar de cada domínio em particular, onde, naturalmente, nós os encontramos todos os três. Que me seja, então, permitido ligá-los entre si por uma nova noção: estruturação global e estruturação local, que me proponho a explicar. Cumpre dizer apenas que uma hierarquia de referência é necessária para definir uma determinada obra, se não em sua totalidade, pelo menos nos acontecimentos principais que ela comportar. Em vista de criar as morfologias elementares, os esquemas primeiros do desenvolvimento, uma série generalizada se revela indispensável, mas ela não deve mais ficar como a única referência durante o trabalho; esta série de base nos dará a oportunidade de formular objetos sobre os quais, por sua vez, o engendramento serial se exercerá. Assim, a cada objeto primeiro corresponderá um desenvolvimento específico, organizado segundo suas qualidades próprias e intrínsecas: isto nos conduz, inelutavelmente, ao emprego das séries defectivas ou das séries restritas, tais como as definimos anteriormente, em suma, à utilização dos diversos subconjuntos dependentes de um conjunto dado. Este "desdobramento" das estruturas locais suplantou o desenvolvimento temático, ele se reveste, por este fato, da mais alta importância. Julga-se praticar uma operação seletiva, recobrindo a única estrutura de que ela se

104

encarrega; a cada instante, portanto, configura-se um desenvolvimento específico, que se prende, por seu engendramento, à grande estrutura de base. Adquire-se, deste modo, uma liberdade justificada, sendo a parte indispensável reservada à iniciativa instantânea, se assim posso dizer, do compositor. Sua imaginação tem toda liberdade de trabalhar sobre o objeto concreto que encontra no decurso da composição, e isto em função do próprio objeto. Em relação à prática de Webern ou de Berg, constata-se que aqui não são mais conjuntos seriais com relação aos quais se é obrigado a agir, mas estruturas parciais, locais, que adquiriram sua independência, mas conservaram sua filiação à estrutura global. De uma estrutura global, deduzir-se-á uma cascata de estruturas vocais, cada uma dependendo da precedente, ou uma seqüência de estruturas vocais que dependem diretamente dela: criação estrutural comparável à montagem em série ou por derivação.

Posto que as funções das diferentes estruturas seriais não se exercem obrigatoriamente num paralelismo estreito, mas podem afirmar, numa certa medida, sua independência umas para com as outras — elas se instauram, como o escrevemos, de ponto a ponto, de ponto a conjunto, etc. — cumpre-nos procurar em que medida se passará de uma escrita rigorosa a uma escrita livre. Esta distinção — uma constante da música — se encontra colocada agora em outros termos: existência única, probabilidade indefinida. Permitam-me recorrer a uma comparação — mas isto não passa de uma *comparação*: um ponto se define pela intersecção de duas linhas, uma linha pela intersecção de dois planos, um plano pela intersecção de dois volumes; num volume, haverá uma infinidade de planos, num plano, uma infinidade de linhas, e numa linha uma infinidade de pontos. Esta evocação de geometria elementar só está aqui colocada para dar a compreender como se joga com duas, três ou quatro componentes. Quando uma estrutura coincide com todas as outras em um ponto dado, este ponto é *único, inevitável;* quanto mais eu alargar o campo de encontro, maiores serão as probabilidades e mais diversas as soluções, por este expediente, alcanço a polivalência das estruturas. Quero dizer, mais explicitamente, que se, em cada ponto, todas as componentes se renovarem, eu não obterei senão pontos *inevitáveis*, absolutamente determinados: é o extremo da escrita rigorosa, passível de produzir-se somente na condição de séries "pré-constrangidas", em vista de um rendimento determinado — se não, chega-se a absurdos, onde intervém o que eu chamei a "balística" do som! Se todas as componentes *menos uma* se renovam, todos os fenômenos sonoros se produzirão numa reta dada, definida pela componente invariável; se todas as componentes *menos duas* se renovam, eles se produzirão num plano definido pelas componentes invariáveis; e assim por diante... Tem-se afrouxado, proporcionalmente, o torniquete da escrita rigorosa que, no final, tornar-se-á totalmente livre no interior, bem entendido, de princípios estruturais gerais. No momento em que todas as organizações estão sincronizadas, não tenho nenhuma liberdade de escolha, a probabilidade entrou nas estruturas; quando nenhuma organização estiver mais sincronizada, posso escolher uma das possibilidades oferecidas, ou absolutamente não escolher e deixá-las como *devendo ser escolhidas*: encontro a probabilidade, mas ela rege as estruturas, do exterior. Verificamos que rigor e automatismo no encontro das estruturas levam ao mesmo resultado estético que liberdade e escolha. Isto nos conduz diretamente ao emprego das formas polivalentes e à intervenção da probabilidade; voltaremos a este problema no capítulo consagrado à estética e à poética, mas queríamos baseá-lo na própria morfologia e mostrar, desta maneira, que não se trata de uma qualidade estranha que se enxerta durante o desenvolvimento, ou no decorrer da configuração, para falar mais precisamente. O jogo das estruturas implica, desde o princípio, numa escala de relações que vai do acaso do automatismo ao acaso da escolha, passando pelos tipos fixados que já conhecemos. Talvez não nos tenhamos apercebido senão tarde demais, e as reflexões sobre a forma provocaram, primeiramente, a pesquisa de formas polivalentes; mas é preciso restabelecer a hierarquia em sua verdáde: a morfologia responde pela abolição da fixidez nas estruturas musicais.

Devemos estudar, neste momento, sobre que critérios, na organização de uma obra, se fundamenta a arrumação das séries; abordaremos, em primeiro lugar,

106

os critérios de definição ou de seleção. (Estando bem entendido que se trata de caracteres extrínsecos, não se deve de modo algum confundi-los com os critérios propriamente estruturais que definem a série.) Esta seleção se opera segundo normas extremamente simples que me bastaria nomear para que sejam compreendidas.

1. O repouso, ou a fixidez.
2. O movimento ou a mudança;

normas que se aplicam, logicamente, aos diversos aspectos das organizações do fenômeno sonoro; e gostaríamos de entrar em detalhes quanto aos casos particulares.

Fixidez ou mudança desempenham seu papel nos diversos estágios da morfologia ou da sintaxe, e não são obrigatoriamente homogêneos; examinemos seu processo para melhor compreender suas funções. Os critérios de seleção se aplicam primeiramente a um organismo elementar, ou a um conjunto determinado de organismos elementares, já constituídos; mas eles podem se aplicar igualmente às próprias funções de constituição. Se, no primeiro caso, a seleção é homogênea, uma vez que agrupa organismos constituídos de mesma natureza — quanto mais quando não designa senão um só organismo — o mesmo não ocorre quando as funções

Exemplo 39

de constituição são regidas por fixidez ou mudança, pois a fixidez pode dizer respeito a certas funções e a mudança a outras: a seleção será não-homogênea, semifixa, semimóvel. Tomemos o exemplo das alturas, considerando sempre que uma altura se analisa segundo seu lugar *absoluto* numa função serial, e segundo seu lugar *real* nos dispositivos de tessitura. Nossa escolha recairá sobre uma série simples de doze sons, *a,* agrupada em várias figuras dessemelhantes, que eu considero, neste momento, como modelo absoluto.

Se não decido utilizar senão esta série, eu atingirei o grau máximo de repouso estrutural, pois as sucessões de intervalos voltarão periodicamente e elas permanecerão absolutamente imutáveis. Acrescentemos a esta série, uma nova série *b,* transposição da primeira, agrupada diferentemente (*exemplo 39*); quando eu empregar constantemente a ordem: *ab, ab,* etc., terei alargado o campo da fixidez, introduzindo uma sucessão de intervalos diversos, mas igualmente invariáveis; entretanto, a mobilidade interviria neste campo fixo, se eu não me ativesse à mesma ordem de sucessão, mas se eu empregasse ora *ab,* e ora *ba,* numa forma do tipo *ab, ba, ba, ab,* etc. Não é preciso dizer que quanto mais eu alargar o campo da fixidez, mais a mobilidade terá possibilidade de intervir, considerando que a possibilidade de permutar os elementos selecionados aumentará. O campo será concebido igualmente como móvel: a seleção aí será móvel, mas pode tender, entretanto, à fixidez. Suponhamos que o campo móvel vá da série *a* empregada sozinha, à sucessão *a b c;* se qualquer que seja o campo *(a, ab, bc, abc),* eu utilizo sempre as séries na ordem: *a, b, c,* é claro que eu me dirigirei para as mesmas sucessões de intervalos ou as mesmas seqüências de relações, sendo a orientação à fixidez indicada pelo maior ou menor número de elementos comuns aos campos móveis. Enfim, não haverá, absolutamente, campo, recaindo a escolha indiferentemente sobre esta ou 'aquela estrutura, caso extremo da mobilidade; produzir-se-á somente variações na freqüência de volta de elementos dados, o que criará, de certa forma, campos virtuais de fixidez. Resumiremos as variações do campo no seguinte quadro:

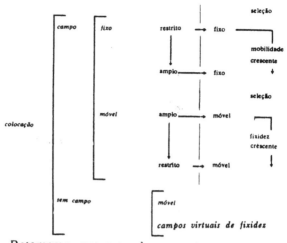

Retomemos um exemplo concreto para prosseguir nossa investigação. Se eu analiso as séries *a* e *d* (*exemplo 39*) do único ponto de vista das alturas, eu constato que elas têm o mesmo engendramento, pois *b* é a transposição, à quarta aumentada, de *a;* entretanto, de uma a outra, o agrupamento evoluiu, a primeira obedecendo ao esquema: 1-3/1/2-2-3, a segunda ao esquema: 3/1-3-1/2-2. Houve transformação; aliás esta teria podido perfeitamente recair sobre uma outra característica que não o agrupamento: a densidade, por exemplo. Se eu faço corresponder à série *a* uma série *A* "enriquecida" em função dos agrupamentos, a transformação por densidade é móvel; se eu a faço corresponder a uma série *A'* uniformemente "enriquecida", a transformação por densidade é fixa (*exemplo 39*). Se eu passar de *a* a *b*, a *A*, a *A'*, o engendramento será idêntico, só os caracteres de transformação evoluem; este engendramento poderá se conceber não menos como variante, quando se desenrolam diversos métodos de dedução serial para ir de uma série a outra (série simples a séries de acordes, por exemplo). Como estas observações são relativas à estrutura interna da série, notemos que os critérios de seleção se aplicarão igualmente à apresentação ou estrutura externa; eles determinarão, por assim dizer, os *modos de descrição* de uma série. Considerando, na série *A* (*exemplo 39*), os blocos sonoros de densidade desigual, posso aplicar-lhes um único modo de descrição que será, suponha-

109

Exemplo 40 a-c

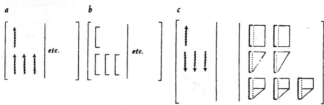

mos, o arpejo de baixo para cima, ou ainda o ataque simultâneo (*exemplo 40 a e b*); neste caso, haverá fixidez da estrutura externa. Sua mobilidade implica em diferentes descrições de blocos, que poderei assim especificar (*exemplo 40-c*).

Na primeira seção, com o agrupamento 1-3, atribuirei ao bloco isolado o arpejo de baixo para cima, aos três outros blocos o arpejo de cima para baixo; a segunda sessão comporta um só som, o que anula toda descrição de grupo (tenho largueza de relacioná-lo com os outros blocos pela descrição dinâmica, mas não quero levá-lo em conta aqui, interessando-me unicamente pelas alturas); na terceira seção, com o agrupamento: 2-2-3, atribuirei aos dois primeiros sons o ataque e o fim simultâneos, aos dois seguintes, o ataque simultâneo e o fim sucessivo, aos três últimos, o ataque simultâneo e o fim metade simultâneo, metade sucessivo.

Estruturas interna e externa vêem, no final das contas, seus critérios de seleção assim resumidos:

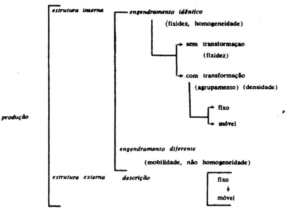

Cada quadro representa uma função bem determinada: a *colocação* se exerce sobre conjuntos constituídos e descreve sua ordem de emprego, independentemente dos caracteres da série propriamente dita ou de seus derivados, a *produção* diz respeito, em compensação, à sua estrutura interna e externa. Por estes dois conjuntos de operações, definimos totalmente todas as trajetórias que conduzem da fixidez à mobilidade. Ao estudar este quadro, damo-nos conta de que elas são inumeráveis; a imaginação se acha quase desamparada diante de uma tal profusão, tanto esforço envida para abraçar as possibilidades que oferece, sob este aspecto, a estrutura serial — possibilidades cujo emprego, entretanto, deve-se conhecer totalmente. Ainda não consideramos a altura senão como fenômeno absoluto; a tessitura vem enriquecer este domínio e propor o jogo independente de suas próprias estruturas. Ela facultou, igualmente, evoluir da total fixidez à total mobilidade, movendo-se o índice de fixidez num campo mais ou menos restrito. Chamo *índice de fixidez,* a relação entre o número de freqüências fixas e o das freqüências móveis ou semimóveis (quer uma altura absoluta veja sua tessitura renovada em cada uma de suas aparições, quer a tessitura mude, regular ou irregularmente, depois de uma ou várias aparições). O campo de fixidez se compreende assim: quando a fixidez diz respeito às próprias alturas absolutas (qualquer que seja o índice), o campo será nulo; ele aumentará à medida que a fixidez se deslocar e atingir um maior número de alturas absolutas diferentes das precedentes; o campo estará em seu máximo de extensão quando a fixidez, ao se deslocar, "paralisar" elementos inteiramente novos. Estas funções da tessitura são suscetíveis de entreter relações orgânicas diretas com as funções seriais, de corroborá-las, por conseguinte; mas elas podem ser completamente independentes, aplicar-se mecanicamente, impor seus próprios recortes e tender, portanto, a "arrasar", a corroer, as funções seriais. Fixemos o quadro correspondente à seleção de tessitura e coloquemo-lo em paralelo com aquele já estabelecido para as alturas absolutas:

111

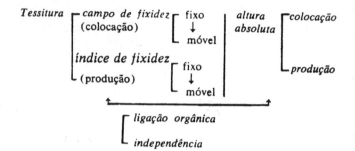

Escolheremos de novo um exemplo, para fazer compreender concretamente as noções que acabamos de desenvolver. Retomemos a série A (*exemplo 39*), série "enriquecida" correspondente à série *a*.

Suponhamos que eu queira *indicar* pela tessitura a estrutura *a* compreendida em *A*; é-me necessário, com essa finalidade, isolar as tessituras individuais de *a*; duas soluções se apresentam: dar uma tessitura fixa aos sons de *a* em todas as aparições de *A*, e atribuir uma tessitura móvel aos sons complementares em cada bloco; ou então dar uma tessitura móvel aos sons de *a*, atribuindo a tessitura fixa aos complementares. Mostramos a primeira solução no exemplo 41 a.

Exemplo 41 a-b

Se passamos do exemplo 39 A ao exemplo 41 a, constata-se que as notas mi ♮ /ré ♯ — lá ♯ ficaram no mesmo lugar (são as notas de *a*); em compensação, em cada bloco, todas as outras notas foram trocadas de registro; a relação comum do exemplo 39 A ao exemplo 41 a estará, portanto, ressaltada pela fixidez da estrutura *a*, isto é, de maneira *positiva*. Quando se compara o exemplo 39 A com o exemplo 41 b, faz-se a constatação inversa — figura *a* móvel, blocos complementares fixos; a relação é realizada *negativamente*. Este exemplo nos mostra a ligação orgânica entre uma estrutura e a organização de suas tessituras; se variamos a estrutura *A* em suas tessituras, ter-se-á a escolha entre: conservar a estrutura *a* fixa (exemplo 42 a), torná-la móvel (exemplo 42 b) — vendo-se os sons complementares respectivamente móveis e fixos —, deixar indiferenciados na mobilidade estrutura *a* e sons complementares (exemplo 42 c).

Exemplo 42 a-c

Exporemos um outro tipo de relação orgânica, no interior, desta vez, da série *A* (exemplo 39): visto o agrupamento dos blocos 1-3, fixaremos, nos três últimos blocos,

Exemplo 43

a tessitura dos sons que constituem o primeiro bloco: fá ♮ . mi ♮ , ré ♯ ; assim reencontraremos, no interior dos três acordes móveis, a imagem fixada, total ou parcial, o "espectro" do primeiro acorde: mais uma vez, relação *positiva*. Nos três blocos, assinalamos sucessivamente ré ♯ , ré e mi ♮ . ré, ♯ mi ♮ e mi ♯ .

A relação diretamente inversa, negativa, é fácil de imaginar. Apresentaremos, enfim, um tipo de relação não orgânica; suponhamos que a tessitura geral esteja fixada em quatro pontos determinados: ré ♯ , sol ♮ , ré ♮ . sol ♯ , independentemente da estrutura à qual ela vai se aplicar; estas notas fixas, *não estruturais*, singularizam-se em cada acorde, respectivamente: ré ♯ ; ré , sol ♮ ré ♮ sol ♯ , ré ♯ dó × sol , ré ♯

A estrutura *a* não é destacada no interior de *A*, tanto quanto a fisionomia do primeiro bloco não se revela nos três outros; tem-se feito, portanto, desaparecer, corroeu-se fortemente, pelo menos, as características estruturais internas e externas de *A*, ao colocá-las em conflito com uma estrutura de tessitura inorgânica.

Exemplo 44

Tomei o cuidado de descrever todas essas operações umas após outras, e de maneira esquemática, mas é evidente que seu interesse cresce quanto mais flexível for seu emprego: elas servem para dotar de personalidade os organismos embrionários, e se revelam, precisamente, como as auxiliares mais indispensáveis e mais ativas do trabalho de organização, de *composição:* as estruturas, que consideramos como redes de possibilidades, deixam, daqui em diante, as regiões do in-formado, e se encarnam em figuras que vão se definindo, e serão em breve os agentes diretos da forma. Com o fito de chegar a esta determinação, generalizar-se-ão os critérios de seleção a todos os domínios estruturais: mencionaremos, portanto: a *duração*, considerada sob o ângulo das relações de valor propriamente ditas, de sua tessitura, e de suas relações com o tempo cronométrico; a *dinâmica* encarada sob seu tríplice aspecto: dinâmica subordinada, dinâmica global, perfil dinâmico (ataque, manutenção, queda); o *timbre*. Da mesma forma não esqueceremos a distribuição espacial suscetível dos mesmos critérios de repouso ou de movimento. Esclareçamos mais uma vez que o quadro estabelecido para as alturas não se transcreve *literalmente* para as outras estruturas: é necessário conservar, mais especialmente, as categorias de *colocação* e de *produção*. Explicitamos suficientemente, por outros dados, as adaptações necessárias, e parece-nos inútil insistir ainda sobre esse caso.

Para concluir os critérios de seleção — fixidez e mobilidade — aplicar-se-ão ao conjunto geral:

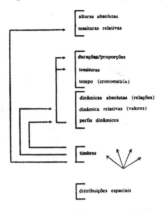

Não nos esqueçamos de que o timbre depende das tessituras relativas da dinâmica geral e do perfil dinâmico; que perfil dinâmico e duração estão estreitamente ligados; que distribuição espacial é função dos quatro outros caracteres. Não temos o intuito de descrever o conjunto das constelações criadas por fixidez e mobilidade; que nos seja permitido assinalar somente o imenso *crescendo* que leva todas as organizações em repouso à todas as organizações em movimento, da ordem mais inelutável ao caos restituído.

Devemos nos preocupar, agora, com os critérios de combinação ou de arranjo dos organismos seriais; isto quer dizer que chegamos, progressivamente, à organização sintática da linguagem. As formas da organização sintática são simples: monodia, heterofonia, polifonia; mas elas podem apelar, igualmente, para noções complexas: polifonia de polifonias, heterofonia de heterofonias, heterofonia de polifonias, etc., graças às quais se combinam as formas simples. Tropeçou-se muitas vezes, quando de sua definição, porque se associaram estreitamente as formas de escrita com o passado em que elas nasceram; se o nome permanece, seu domínio se amplia, contudo, às vezes consideravelmente. Gostaríamos, ao invés de ligá-los obstinadamente à sua história, de dar aos critérios de combinação uma classificação racional, segundo princípios simples, que se reduzem a duas categorias.

115

Consideraremos, primeiro, a *dimensão* dentro da qual se produzirão os acontecimentos: ela evolui do horizontal ao vertical com o estágio diagonal como intermediário; insistimos freqüentemente, e repetimo-lo mais uma vez, no fato de que estas dimensões são uma única e mesma característica modificada pelo tempo interno que rege as organizações, passando de zero (vertical, simultâneo) a um número determinado (horizontal, sucessivo). Nossa classificação se apoiará, em segundo lugar, no modo de emprego *individual* ou *coletivo* das estruturas. Graças a estes dois termos, podemos classificar todos os fenômenos combinatórios da escrita, no plano das estruturas elementares.

A monodia pertencerá à ordem *horizontal-individual;* a ordem *horizontal coletiva* se encarregará da homofonia. Se quase não se tem necessidade de descrever as características da monodia, talvez seja bom lembrar o que compreendemos por homofonia, para evitar mal--entendidos. Servimo-nos, até o presente momento, desta palavra para caracterizar as polifonias silábicas onde, em cada sílaba, todas as vozes coincidem no sentido vertical, em oposição ao estilo contrapontista onde as vozes, do ponto de vista silábico, são independentes; assim entendida, a homofonia está diretamente ligada à polifonia, posto que ela é sua expressão exclusivamente vertical e sincrônica, onde as *funções* harmônicas têm que desempenhar o seu papel. Consideraremos, ao contrário, a homofonia como a transformação direta da monodia — sempre considerada como unitária — quanto à densidade; esta densidade, não tendo nada a ver com funções harmônicas, terá suas próprias estruturações, permitindo obter homofonias fixas ou variáveis. O exemplo que citamos é, aos nossos olhos, o tipo de uma homofonia.

Exemplo 45

Uma só dimensão: desenvolvendo a estrutura seus objetos horizontalmente, sendo a densidade vertical do objeto variável.

Dei este exemplo de multiplicação vertical, mas poderia igualmente ter escolhido uma multiplicação horizontal, equivalendo o efeito produzido a uma espécie de eco ou de pré-eco da estrutura monódica.

Daí se poderá notar que eu considero o domínio da homofonia como excessivamente vasto, supondo que dependa do critério *horizontal-coletivo*, abstração feita das *aparências* simples ou complexas sob as quais ela é solicitada a se manifestar.

A ordem *horizontal /diagonal /vertical /coletiva /individual*, definirá a heterofonia. Não menos que para a homofonia, é preciso encarar, aqui, a ampliação e a generalização das noções em uso até então sob esta denominação. Definirei, de maneira geral, a heterofo-

Exemplo 46

nia como a superposição a uma estrutura primeira, da mesma estrutura com *aspecto* mudado; não se poderia confundi-la com a polifonia, que torna uma estrutura responsável por uma nova estrutura. Na heterofonia, coincidem vários aspectos de uma formulação fundamental (os exemplos se encontram, sobretudo, na música do Extremo Oriente, onde acontece que uma melodia instrumental muito ornada é heterófona de uma linha vocal-modelo, de uma sobriedade muito maior); ela se ordena em espessura, segundo diversas camadas, um pouco como se superpuséssemos várias placas de vidro, onde se encontraria desenhado o mesmo esquema variado. Indo a dimensão de base da horizontal à vertical (sucessão de figuras de uma dimensão, distribuição de estruturas complexas), este modo de combinação deduz uma coletividade de estruturas a partir de um modelo individual. Não nos estenderemos mais sobre a heterofonia, pois nós a tomaremos, dentro de alguns instantes, como exemplo das transformações sintáticas; e examinaremos detalhadamente todas as suas possibilidades.

Passamos em revista: monodia e homofonia; depois heterofonia; resta-nos estudar a noção de polifonia que se distingue, como já mencionei, pela *responsabilidade* que ela implica de uma estrutura para uma outra. A polifonia se baseia, a meu ver, no arranjo das estruturas, o que significa utilizar "contraponto" e "harmonia", contanto que se extrapole o sentido geralmente limitado por estes vocábulos; ou ainda numa distribuição, que não caberia referir nem à harmonia nem ao contraponto.

Distinguiremos — como sempre — o contraponto livre e o contraponto rigoroso; será livre aquele cujas estruturas deduzidas não terão de se submeter a outras exigências senão a de obedecer a certas normas gerais, em outros termos: na dimensão horizontal, bem entendido, a estrutura individual será responsável somente em relação à *coletividade* das estruturas. O contraponto rigoroso, em compensação, prescreverá a observação de correspondências estritas de uma estrutura, ou de uma família de estruturas, com uma outra; uma estrutura ou um conjunto individuais serão individualmente responsáveis em relação à estrutura ou ao conjunto assim determinados. Empregamos de propósito a palavra estrutura, e não figura, pois consideramos o contraponto capaz, em relações horizontais gerais, de governar tanto figuras simples quanto fenômenos complexos. Ao contraponto livre corresponderá, por conseguinte, a ordem *horizontal-individual/coletiva;* ao contraponto rigoroso, a ordem *horizontal-individual/individual.'*

Quanto à harmonia, se ela depende diretamente das figuras implicadas pela série, ela será funcional, e abrangerá a coletividade das relações verticais; quando ela não é funcional, e depende de acidentes como o agrupamento, cada relação, ou grupo de relações, obe-

118

dece, então a critérios individuais; enfim, se atribuímos à harmonia, qualquer que seja sua natureza, novas funções de densidade — fixa ou variável — para chegar a "mutações", a totalidade das relações funcionais ou de critérios individuais ver-se-á modificada individualmente. Eu me permitirei a mesma observação feita quanto ao contraponto precedentemente: considero como harmonia toda relação vertical de pontos, de figuras ou de estruturas.

A polifonia se descreve igualmente como distribuição diagonal das estruturas: não há mais "partes", "vozes" propriamente falando: os organismos se analisam enquanto estruturas distribuídas; demos um exemplo morfológico disso, ao organizar um bloco de duração (exemplo 17). Sintaticamente, a distribuição diagonal age individual ou coletivamente sobre figuras individuais e conjuntos coletivos de estruturas.

Não mencionamos a antifonia, pois ela é uma *distribuição* de estruturas polifônicas já "formuladas", e não um critério de combinação destinado a provocar uma "formulação". A antifonia é já um protótipo formal.

Resumiremos, pois, o que chamamos critérios de combinação no seguinte quadro:

monodia	horizontal	individual	
homofonia	horizontal	coletivo	
eterofonia	horizontal ↓ diagonal ↓ vertical	coletivo	← individual
polifonia			
a) arranjo			
contraponto livre	horizontal	individual	→ coletivo
contraponto rigoroso	horizontal	individual	⇄ individual
harmonia funcional	vertical	coletivo	
harmonia não-funcional	vertical	individual	
harmonia multiplicada	vertical	individual	→ coletivo / individual
b) distribuição	diagonal	individual	/ coletivo / individual/coletivo

Isolar cada forma de organização sintática fica em aberto, e apreciar-se-á o interesse de poder manobrar organismos homogêneos desse ponto de vista; mas uma riqueza suplementar se oferece, quando se empregam os jogos de influência dos diversos critérios colocados frente a frente. Poder-se-á *combiná-los,* mas ainda *passar* de um para outro, isto é: uma monodia representará, de fato, uma polifonia "reduzida", da mesma maneira que uma polifonia será, realmente, a distribuição, a "dispersão" de uma monodia. Nós nos explicaremos mais adiante sobre esses *trompe-l'oeil* estruturais.

Primeiramente, e antes mesmo de ver como, a partir de um destes critérios de base, se organiza um universo sonoro, nos é preciso acentuar a unicidade de nossa classificação. Paralelamente aos termos que empregamos, podemos acrescentar a monorritmia e a homorritmia, a heterorritmia e a polirritmia, que serão apenas a expressão, em termos de duração, das funções implicadas por seus correspondentes. Não pode haver, neste caso, divergência; quando muito, defasagem. Uma polifonia contrapontista caminhará necessariamente junto de uma polirritmia contrapontista, é evidente; é assim para todos os termos da classificação. Mas, enquanto que no interior desta polifonia as figuras observarão, por exemplo, as regras de um contraponto rigoroso, as figuras de polirritmia terão oportunidade de se organizar segundo um contraponto livre; a situação é similar para os outros termos: é o que chamo a defasagem, a categoria permanece idêntica, mesmo quando a natureza não o é.

Poder-se-á perguntar para que serve um quadro como o que acabamos de estabelecer, uma vez que apenas classifica distinções e não poderia engendrar seja lá o que for. É a partir dele, com efeito, que começa o trabalho de dedução: desde os princípios gerais que ele contém, vamos ver se manifestar uma multidão de *aparências* do fenômeno sonoro. Eis por que, com o fito de mostrar por que métodos se pode tirar, de uma só base de partida, um grande número de conseqüências, todas generalizáveis, tomarei o caso particular da heterofonia. Esclareço, entretanto, que escolhi a heterofonia para fazê-la assumir, na formulação das estruturas, um papel especialmente importante, e mesmo exclusivo; eu a escolhi, mais simplesmente, porque na tradição ocidental ela foi muito raramente empregada, mesmo no estado elementar. (Beethoven utiliza-a com fins ornamentais — adágio da *Nona Sinfonia*, assim como, aliás, num certo número de movimentos lentos de suas últimas obras. Debussy utiliza figuras heterofônicas, sobretudo para "construir" sua orquestra, com uma finalidade acústica; mais episodicamente, elas aparecem no curso das últimas obras de música de câmara — *Sonata* para flauta, viola e harpa, em particular. Seja como for, ela jamais foi considerada verdadeiramente como princípio de estruturação, o que me parece indispensável para se obter a etapa intermediária entre homofonia e polifonia.)

Distinguirei, para o engendramento de uma heterofonia, duas ordens de qualidades: qualidades gerais que indicam a *colocação,* qualidades específicas das quais resulta a *produção.* Encontramos, aqui, os termos exatos que apliquei aos critérios de seleção (fixidez — mobilidade). Acrescentarei, antes de entrar em detalhe, o que entendo precisamente por heterofonia: uma distribuição estrutural de alturas idênticas, diferenciadas por coordenadas temporais divergentes, manifestada em intensidades e timbres distintos; amplio, por conseguinte, a noção de heterofonia do plano monódico ao plano polifônico.

Dentre as qualidades gerais que requer a colocação de uma heterofonia, retenho, do generalizante ao particularizante:

1. a *Natureza,*
2. a *Existência,*
3. o *Número,*
4. a *Dependência* (partida ou chegada da heterofonia).

Segundo o grau de diferenciação com o antecedente, eu chamarei a heterofonia: convergente ou divergente.

1. A *Natureza*: a heterofonia será *ornamental,* quando puser em jogo incidentes superficiais: *estrutural,* quando obedecer a uma verdadeira variação de estrutura, exceto a uma estrutura inteiramente independente do antecedente, e não homogênea com ele.

121

2. A *Existência*: a heterofonia será *obrigada*, se se deve, em todos os casos, tocá-la; *possível,* se existe alternativa entre omiti-la ou tocá-la.

3. O *Número*: a heterofonia será simples, dupla, tripla, etc., segundo se superpõe uma, duas, três, etc., estruturas paralelas.

4. A *Dependência*: a heterofonia será *presa,* isto é, fixada ao antecedente, por um ponto determinado, imutável. quer seja uma altura (ou um complexo de alturas), quer seja uma pausa; *flutuante,* quando sua

Exemplo 47

Antecedente   campo de tempo =diferença de fase das relações estruturais

Conseqüente

partida ou sua chegada ocorrerem num intervalo de tempo dado, num campo de tempo — o que não deixará de ter repercussões na escrita, pois as alturas deverão obedecer à diferença de fase virtual que depende deste campo de tempo.

Eis, pois, determinada a colocação da heterofonia por quatro qualidades gerais.

Descreverei, agora, as qualidades específicas que determinam o modo de produção. Aqui, as quatro qualidades do som entram em jogo:

a. 1. — As *alturas absolutas,* em outros termos os sons "eideticamente" definidos;

a. 2. — As *alturas relativas,* em outros termos, os sons colocados nos registros reais;

b. 1. — Os *ritmos-durações,* ou seja, o valor estático das durações, de suas relações;

b. 2. — Os *ritmos-tempo,* ou seja, a colocação cinemática destas relações;

c. — O *timbre,* isto é, o instrumento ou o grupo de instrumentos sobre o qual se realiza a heterofonia (não instrumentalmente falando, a relação das características formais, e "formantes");

122

d. 1. — A *intensidade geral,* ou relação das estruturas externas de dinâmica;

d. 2. — O *perfil dinâmico,* ou evolução das estruturas internas de amplitude.

Tomo, primeiro, as *alturas absolutas*: quatro possibilidades se oferecem à heterofonia, conforme se considere a *transposição* sobre um intervalo — ou intervalos — dado(s), ou então a *multiplicação por* um intervalo — ou intervalos — dado(s); esse intervalo dado pode ser igualmente o uníssono. O intervalo — ou os intervalos — sobre os quais se fazem as transposições, pelos quais se executam as multiplicações, têm oportunidade de serem fixos ou móveis; em outros termos, no curso da heterofonia, em conexão ou não com a estrutura interna do antecedente, o intervalo de relação pode mudar tantas vezes quanto for necessário.

Obtivemos, para as *alturas absolutas,* o quadro seguinte:

> sem transposição / com transposição (fixa/móvel)
>
> (sobre um intervalo ou intervalos dados)
>
> sem multiplicação / com multiplicação (fixa/móvel)
> (por um intervalo ou intervalos dados).

Passemos, agora, às *alturas relativas,* ou, lembro-o, os registros reais, campos de alturas nos quais se vão colocar os sons "eidéticos". A heterofonia pode se servir de uma faixa de freqüências idêntica àquela que aparece no antecedente, isto é, utilizar a integralidade das freqüências paralelas; mas ela pode se ater à faixas de freqüências reduzidas, segundo o princípio dos filtros passa-fitas: ter-se-ão, segundo o caso, várias faixas mais ou menos finas, ou uma só faixa, igualmente mais ou menos fina.

Escrevemos o resultado sob a forma seguinte:
Faixas de freqüências idênticas
reduzidas — várias faixas
— uma só faixa

Se examinamos os ritmos-durações, observamos quatro maneiras nas relações que se podem estabelecer com o antecedente:

123

1. Uma organização semelhante, por transformação simples ou complexa, mas sempre paralela ao dado primitivo;

2. Uma organização dessemelhante, na qual não haverá nenhuma relação de engendramento entre a heterofonia e o antecedente;

3. A transformação por valores idênticos: os valores da heterofonia se situam num *ambitus* idêntico àquele do antedecente;

4. A transformação por valores selecionados: aplico às durações o princípio dos filtros passa-fitas.

Estas quatro relações se estabelecem por pares intercambiáveis na conjunção seguinte:

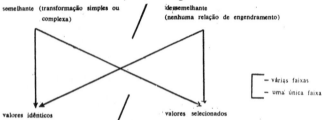

Considerando os *ritmos-tempo*, nós nos acharemos diante de duas possibilidades de produção somente: o tempo, na heterofonia, permanece fixo, estável; ou, então, a velocidade de desenvolvimento é móvel sob as duas formas: aceleração e deceleração, suas combinações duas a duas, e sua mixagem com a velocidade estável. Em resumo:

fixo/móvel (acel.-decel.-combinações duas a duas e três a três).

Passamos ao *timbre* — no caso da música instrumental: ao instrumento ou ao grupo de instrumentos; encontramos, aí também, duas eventualidades subdivididas, cada uma em duas categorias.

De um lado, o instrumento, ou grupo de instrumentos, afetado pela heterofonia permanece invariável: é, neste caso, ou idêntico àquele do antecedente, ou diferente; por outro lado, o instrumento, ou o grupo, é variável: neste caso, ele pode mudar ou evoluir, quer coincidindo com as outras estruturas, quer independentemente delas.

O que escreveremos sob a forma:

$$\left[\text{invariante}\begin{cases}\text{idêntico}\\\text{diferente}\end{cases}\Big/\text{mutável}\begin{cases}\text{com as outras estruturas}\\\text{independentemente}\\\text{das outras estruturas}\end{cases}\right.$$

Chegamos à *intensidade geral*, onde se apresenta uma situação similar. As intensidades, ou complexos de intensidades, podem ser semelhantes àquelas do antecedente, por transformações simples ou complexas — dirigidas, além disso, paralela ou antiparalelamente; elas podem ser dessemelhantes, não tendo, entre elas, nenhuma estrutura comum. Além do mais, a heterofonia se ordenará seja no interior de uma faixa de intensidades idênticas, isto é, num *ambitus* dinâmico igual, seja em faixas de intensidades selecionadas, segundo passa-fitas de intensidade, por assim dizer.

Estas quatro possibilidades vão por pares intermutáveis e se ordenam segundo o quadro seguinte:

$$\left[\begin{array}{l}\text{semelhante-paralela}\\\quad\quad\text{-antiparalela}\\\text{faixa de intensidades idênticas}\end{array}\Big/\begin{array}{l}\text{dessemelhante}\\\\\text{intensidades uma só faixa}\\\text{selecionadas várias faixas}\end{array}\right.$$

Quanto ao *perfil dinâmico*, ele será semelhante, paralelo ou antiparalelo — ou dessemelhante.

Acrescentemos uma última observação: os passa-fitas — especialmente de intensidades e de durações — tocam, também, por *extrapolação* da faixa original.

Damos o quadro geral para facilitar a leitura e comparação das diversas características. Nesse quadro, estão consignadas, acreditamos, todas as ações e interações de que é capaz a heterofonia.

DETERMINAÇÃO DA HETEROFONIA
QUALIDADES GERAIS — COLOCAÇÃO

1. *Natureza*: ornamental / estrutural.

2. *Existência*: obrigada / possível.

3. *Número*: simples /duplo/triplo, etc.

4. *Dependência*: presa/flutuante.

QUALIDADES ESPECÍFICAS — PRODUÇÃO

a.1. — Alturas absolutas:
sem transposição / com transposição (fixa/móvel)
sem multiplicação / com multiplicação (fixa/móvel)

a.2. — Alturas relativas:
faixas de freqüências idênticas / reduzidas { uma só faixa / várias faixas

b.1. — Ritmo — durações:
semelhante / dessemelhante
valores idênticos / selecionados

b.2. — Ritmo — tempo: fixo / móvel

c. — Timbre:

invariante { idêntico / diferente } / mutável { com outras estruturas / independentemente de outras estruturas

d.1. — Intensidade Geral:

semelhante { paralela / antiparalela } / dessemelhante

Faixa de intensidades idênticas / selecionadas

d.2. — Perfil dinâmico:

semelhante { paralelo / antiparalelo } / dessemelhante

N. B. — Segundo o grau de diferenciação com o antecedente, a heterofonia será convergente ou divergente.

Vamos, agora, dar alguns exemplos, uma vez que procurei não interromper continuamente esta exposição, o que nos teria feito perder toda visão de conjunto.

Exemplo 48

Seja uma figura-antecedente (exemplo 48 A); eu obtenho em B uma homofonia ao transpor, ou inverter a figura inicial; a esse todo assim constituído, faço corresponder a figura C. Esta última observa exatamente os mesmos intervalos absolutos e relativos, segundo uma estrutura rítmica dessemelhante com valores selecionados (e extrapolados); o tempo é fixo, e idêntico; o instrumento, invariável; a intensidade e o perfil dinâmico, equivalentes.

Em um outro exemplo,

Exemplo 49

o tempo é móvel e a dinâmica dessemelhante numa mesma faixa de intensidades para a primeira heterofonia; o tempo é fixo, mas diferente, a dinâmica filtrada em uma só faixa (mf) para a segunda. Depois destes dois

Exemplo 50

127

exemplos, daremos um terceiro: os objetos sonoros não variam, absolutamente, eles mesmos, do antecedente à heterofonia, mas sua disposição é outra.

As duas primeiras células A e B

Exemplo 51

se sucedem no antecedente, enquanto que na heterofonia elas estão combinadas; a célula C é comum às duas organizações; a célula D é variada ritmicamente, no perfil dinâmico, apresentada simultaneamente na heterofonia enquanto que seus dois sons se sucedem no antecedente. Com a ajuda destes três exemplos, pode-se perfeitamente imaginar os outros casos que citei; o filtro passa-fitas é um dos mais interessantes, sobretudo desde o instante em que lida no original-antecedente, com "mutações": o efeito de "rebaixamento" é notável.

Não há, apressemo-nos em observá-lo, nenhuma hierarquia nestes possíveis: eles podem reagir um sobre o outro, comandar-se reciprocamente, em suma, entrar numa dialética da composição; todos possuem uma condição necessária mas suficiente para assumir seus iguais. Nada impede, com efeito, de acusar uma característica por uma outra; no exemplo 49, o tempo móvel (*accelerando*) da primeira heterofonia é sublinhado pelo paralelismo da dinâmica (*crescendo*); o tempo fixo da segunda heterofonia está em relação direta com sua dinâmica fixa. Quando certas características têm uma estrutura muito precisa, poder-se-á "rascunhá-las" superpondo-lhes outras estruturas não coincidentes com elas; situa-se aí uma técnica do *fading* que prestará inestimáveis serviços no amaciamento dos encadeamentos: zonas leves, onde a forma é chamada a mudar de sentido.

Assim, um universo responsável é capaz — sem a ação exterior, sem um *déclenchement* que não seja intrínseco — de assegurar a coerência do texto, ainda que este esteja tão afastado quanto possível do fixado, do determinado; entretanto, indeterminação ou determinação se produzem num conjunto de ligações perfeitamente estabelecidas (assim como o diz Rougier, é-nos preciso substituir a noção de evidência pela noção de coerência, a noção de necessidade pela de tautologia).

Descrevi longamente os recursos da heterofonia; poderia igualmente retomar a demonstração sobre a monodia, a polifonia, ou as noções duplas ou triplas de que tratei mais acima, isto é, as heterofonias de heterofonias, as polifonias de polifonias, etc. O importante reside no fato de distinguir claramente as duas espécies de critérios que se aplicam a toda técnica de desenvolvimento, queremos dizer, a *colocação* e a *produção*. A colocação é, de algum modo, o envoltório exterior dos organismos, que cobre, relembro, sua existência, sua natureza, sua densidade, e sua dependência; a produção diz respeito ao engendramento propriamente dito, aos caracteres intrínsecos das estruturas. Esta dupla operação é primordial; ao negligenciá-la, chega-se a caracterizações incompletas, e mesmo a contra-sensos. Uma colocação dependente do tempo, por exemplo, exige que o engendramento das estruturas seja conforme a variabilidade deste tempo; da mesma maneira, estruturas definidas por critérios de alturas impõem uma colocação cuja dependência estará rigorosamente circunscrita.

Quais são, portanto, em definitivo, e falando de um modo mais genérico, as qualidades de uma estrutura? Encontramos, neste plano superior, a mesma distinção: certas qualidades serão intrínsecas; outras, extrínsecas. As qualidades intrínsecas se aplicam globalmente às funções de combinação, ou de ordenação, e as funções de definição, ou de seleção. Sob o nome de funções de combinação, lembremo-lo, descrevemos os diferentes tipos de escrita que utilizam as noções elementares: horizontal, vertical, diagonal, de um lado, individual, coletiva, de outro; sob o nome de funções de definição, consideramos as duas categorias fundamentais: fixidez e variabilidade, em outras palavras, repouso e movimento. Estas duas famílias de funções determinarão o *caráter intrínseco* de toda estrutura, encarada sob o ângulo mais geral. As qualidades extrínsecas visam à colocação, isto é, à disposição das estruturas umas em relação às outras, assim como à relação que elas mantêm entre si; estas qualidades respondem, portanto, em parte, às questões de simultaneidade e de homogeneidade, em parte àquelas de dependência, de independência, ou de interdependência. Indicamos já como, por esta manipulação das estruturas, desemboca-se diretamente na forma. A caracterologia das estruturas não passa, com efeito, ela própria de uma qualidade intrínseca de uma forma cujas qualidades extrínsecas veremos igualmente. Voltaremos, por conseguinte, a esta questão no capítulo seguinte.

Estabelecemos um certo número de distinções e efetuamos classificações. Não seria demais insistir sobre o fato de que não se deve atribuir uma rigidez intempestiva a estas classificações empreendidas, sobretudo, para aclarar as possibilidades extremas. Querer utilizá-las mecanicamente levaria ao absurdo e ao academismo; será claramente mais interessante considerar as combinações aplicáveis a casos simples, assim como as passagens que se tem oportunidade de efetuar de uma para outra. Há uma prática dos *trompe-l'oeil,* da "porosidade", a desenvolver a partir destas considerações gerais, às vezes esquemáticas. Assim, seria errôneo acreditar que monodia, heterofonia e polifonia, estão separadas por tabiques estanques; seria tão inútil opô-las a qualquer preço quanto negligenciar a utilização consciente de suas contradições. Talvez se tenha anunciado prematuramente que a escrita que utiliza o sistema das *vozes* devia ser colocada de lado. Certamente, no sentido tradicional, este modo de escrita tornou-se caduco; observou-se justamente que Webern multiplica, em cada uma das *vozes* de seus cânones, os acidentes que vão romper sua continuidade: numerosas são as mudanças de registros, que acarretam o cruzamento das vozes; múltiplas são as interrupções dos membros de frases por pausas que enfraquecem fortemente a percepção como fenômeno unitário; contínuas são as mudanças de instrumentos que manifestam os sons de uma voz — às vezes cada som, ou cada grupo de dois sons, requer um timbre novo; enfim, as figuras estão reduzidas a um número de sons excessivamente restrito, criando a predominância de certos intervalos ambiguidades impossíveis de discernir. Isto é verdade, como é igualmente verdade que a escolástica weberniana, apoiando a série na técnica flamenga, permitiu-lhe passar de uma organização de intervalos anárquicos a uma hierarquia determinante. Confundiu-se um tanto apressadamente, a meu ver, uma *não-homogeneidade* das vozes com o

130

abandono de um dos princípios mais ricos da música ocidental: dois, ou vários "fenômenos" evoluindo independentemente um do outro, sem deixar de manter entre si uma responsabilidade em todos os momentos. Assim se deverá conceber a transformação da noção de *vozes*, não encarar a sua abolição, que aniquila um dos domínios mais importantes da dialética de composição. Observam-se freqüentemente, conseqüência desta falta, não "fonias" de um novo tipo, mas o que eu chamarei "objetos analisados", dependendo de um certo *cantus firmus* estrutural (eu seria tentado a escrever: *quantum firmum...*): uma das mais decepcionantes regressões que se é levado a constatar. Tudo se resume em alguns esquemas fundamentais, guarnecidos de combinações diversas, sucessão de *estados* dos quais toda dialética fundamental está excluída. O encadeamento de ponta a ponta destas estruturas encontra seu equivalente em sua composição; se analisamos, por exemplo, uma faixa de freqüências por sucessões de durações, só se pode obter um simples "preenchimento", equivalente do muito clássico arpejo. Destes arpejos trabalhados, não basta absolutamente mudar o nome para transmutar-lhes a substância que é deliberadamente pobre e imprópria para reter a atenção: isto acarreta, além disso, fraquezas estilísticas (confusões cromáticas à Bartok, variegação à Ravel) com as quais temos o direito de nos surpreender. Como o abandono das *vozes* acarreta uma coloração bastante primária, lembraremos que a música não é uma "carta de jogar", segundo a expressão de Cézanne sobre a pintura; que "profundidade", "perspectiva", "relevo" têm seu algo a dizer — não é menos importante. Já o afirmamos: seria vão querer reinstaurar a escrita contrapontista e a escrita harmônica: elas estão mortas com Webern. A noção de *vozes* deve ser radicalmente repensada; uma *voz* se considerará daqui em diante como uma constelação de acontecimentos que obedece a um certo número de critérios comuns, uma distribuição num tempo móvel e descontínuo, que segue uma densidade variável, por um timbre não-homogêneo, de famílias de estruturas em evolução. Estas constelações, estas distribuições serão responsáveis umas pelas outras, especialmente no que diz respeito a suas alturas e suas durações; um controle constante — complementaridade cromática, relações da

131

escala logarítmica — levará em conta a responsabilidade das alturas entre si; o controle das durações se exercerá sobre o campo no interior do que se governarão as relações de alturas. A dinâmica e o timbre introduzirão as tolerâncias necessárias. Na falta deste controle rigoroso, tender-se-á a uma simultaneidade dos acontecimentos, estranha a tudo o que seja orgânico. Lembremos, de resto, que a complexidade não é uma questão de densidade, se, acessoriamente, estas duas noções são levadas a coincidir; seja como for, complexidade como densidade devem ser regidas por princípios técnicos e estilísticos que desenvolveremos mais tarde.

Ampliada, a noção de *vozes* nos permitirá tornar "porosas" as categorias como monodia, heterofonia, polifonia. Já se insistiu sobre o fato capital de que a série dilui a oposição entre horizontal e vertical, da mesma maneira que recorre a um universo onde consonância e dissonância são abolidas. Em Schoenberg, entretanto, a solução continua enganosa pois se aplica a uma noção tão caduca quanto a harmonização de um tema. Os exemplos mais sistemáticos que se pode extrair (*Quarto Quarteto de cordas, Concerto para Piano, Concerto para Violino*) são rebarbativos, sem falar da rítmica acadêmica, que constitui a trama. Diante destes temas cujas células se harmonizam pelas células complementares incluídas na série, o espírito permanece profundamente insatisfeito, seja qual for a invocação que se possa dirigir aos manes de Swedenborg ou sejam quais forem os encantamentos aos quais nos entreguemos a partir da concepção que os cubistas adotaram do objeto. Por um lado, não existe nenhuma função propriamente *harmônica* que ligue o tema a seu acompanhamento: trata-se de uma pura complementaridade cromática; por outro lado, em lugar de confundir as duas dimensões, esta utilização os opõe artificialmente. Webern não é muito mais convincente quando utiliza este procedimento (primeira variação das *Variações,* Opus 30) ainda que a discrepância estilística seja bem menos violenta, por causa, principalmente, dos intervalos disjuntos no tempo e no espaço (rítmica e registro não têm, aqui, ponto de referência acadêmico). Não é, pois, sob uma forma "herdada", mesmo passada no laminador da série, que se realizará esta relatividade das dimensões. O próprio Webern nos mostra claramente o caminho a seguir sem reservas, em suas obras com coro, especialmente; seu ponto de vista se torna progressivamente mais preciso do Opus 19 à *Segunda Cantata*, passando por *Das Augenlicht* e a *Primeira Cantata*. Na *Segunda Cantata*, onde estas relações chegaram a um estado inteiramente explícito, escolheremos primeiro um exemplo simples, extraído do terceiro movimento.

Exemplo 52

O antecedente, sendo confiado ao soprano-solo, exposto portanto horizontalmente, os três conseqüentes dividirão a frase em duas partes, a e b, para verticalizar a primeira (a), e deixar à segunda sua forma horizontal primitiva (b); auditivamente, a distância de entrada canônica (colcheia pontuada) se acha marcada no seu máximo por esta verticalização que esquematiza o tempo, de alguma maneira, pelo mesmo acorde três vezes transposto. Uma demonstração bem mais sutil nos é fornecida pelo quinto movimento.

As quatro partes estão primeiramente superpostas em A: tempo zero: tempo zero do cânone, no qual a verticalização encobre em germe a horizontalização que vai seguir; a dimensão vertical é o resultado de várias dimensões horizontais que coincidem. Em B, há forma canônica horizontal, por diminuição, nas duas partes de baixo e de tenor; a terceira parte, a do contralto, condensa metade vertical, metade horizontalmente a figura proposta: ela é de difícil apreensão, sendo algumas de suas notas *virtuais*, tendo uma significação mais explícita numa outra parte (o lá ♭ , por sua dependên-

Exemplo 53

cia do violino-solo, e à figura rítmica da parte de tenor, não pode se considerar como fazendo parte primeiramente do contralto). Em C, há confusão, *perda* total do cânone (emprego esta palavra de propósito, como quando se fala da perda de um rio subterrâneo), estando as figuras concentradas, emprestando mutuamente sons, até perder toda fisionomia característica, o que a instrumentação corrobora dando-lhes timbres da mesma natureza. No fim da parte de tenor, somente, encontram-se três notas em cânone exato com o soprano, destinadas, por sua precisão, a reintroduzir o coro no tempo zero da superposição. Este segundo exemplo é inteiramente característico para situar a flexibilidade de passagem de uma dimensão a outra; desta vez, não há nenhuma discrepância estilística, nenhuma contradição interna: distribuições mudam de sentido.

Gostaria, neste sentido, de chamar a atenção para os termos: real e virtual, que acabo de empregar. É uma noção que se aplica, neste caso preciso, a objetos elementares; mas percebe-se sua importância, quando se trata de fazer "desvanecer" estruturas, de lhes tirar toda delimitação precisa, de fazê-las oscilar de um plano a outro. Retomo, pois, minha definição: um objeto, em geral, é virtual numa estrutura dada, quando esta última é de uma pregnância mais fraca que outras onde ele aparece igualmente; este objeto é real na estrutura em que a pregnância é mais forte. Estendamos esta noção a conjuntos e definiremos estruturas virtuais ou reais, segundo a pregnância do conjunto. Nas inter-relações das estruturas, onde se encontrarão objetos comuns, a flexibilidade e a complexidade provirão em grande parte desta noção; ela é capital na ambigüidade das estruturas, das quais falávamos precedentemente.

Esta ambigüidade, tal como acabamos de descrevê-la, aplica-se à passagem de uma categoria a outra; mas ela pode criar *trompe-l'oeil* estáticos, onde uma polifonia, por exemplo, pode revestir o aspecto de uma homofonia, e mesmo de uma monodia, por uma espécie de *rebaixamento* de seus elementos sobre um mesmo plano. Vamos analisar alguns exemplos para nos fazer compreender mais claramente.

Suponho ter, de saída, quatro valores rítmicos dependentes da proporção simples 1 2 3 4; as ordens de

Exemplo 54

sucessão diferentes, em número de quatro, serão 1 3 2 4; 3 2 1 4; 1 4 3 2; 1 2 3 4. Estas quatro ordens, eu as multiplico respectivamente pelos diferentes termos da mesma proporção, na ordem: 4 2 3 1. Obtenho, assim, quatro grupos de durações que, se eu tomo a semínima como valor unitário, observam a proporção geral: 4 12 8 16; 6 4 2 8; 3 12 9 6; 1 2 3 4.

Superponho na dimensão horizontal estes quatro grupos, respeitando para princípio de encadeamento a distância 1-2-2: o 2º grupo entrará depois de *uma* duração expressa do primeiro grupo; o terceiro, depois de *duas* durações expressas do segundo; o quarto, depois de *duas* durações expressas do terceiro. O esquema desta superposição nos é fornecido pelo exemplo 55 a.

Exemplo 55 a

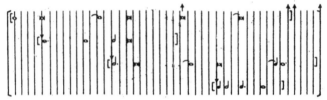

Mas, em lugar de expor polifonicamente esta superposição, eu a rebaixo em uma só voz; considerando que se exporá sempre a voz que entrou por último, o começo e o fim das vozes não expressas diretamente serão indicados por pequenas notas. As vozes estarão, de algum modo, *ocultadas* umas pelas outras; em certos momentos, elas serão reais; em outros, elas se tornarão virtuais.

Exemplo 55 b

Não entraremos nem no detalhe das alturas, nem na descrição da dinâmica e dos timbres aos quais corresponde cada organização de tempo; nós nos contentaremos em transcrever a matéria sonora bruta posta em jogo.

Exemplo 56

Recorre a homofonias diferentes por sua constituição, sua densidade, assim como sua disposição. Este exemplo mostra, portanto, uma falsa homofonia, que é, em realidade, a *redução* de uma polifonia. Assinalemos, no emprego da dinâmica e do timbre, ou do registro, que se pode considerar um objeto que aparece e reaparece como não evoluindo, isto é, dar-lhe uma forma inteiramente fixa; mas supor-se-á igualmente que, secretamente, este objeto evolui; curvas subjacentes se instalarão; seus cruzamentos evitarão reconhecer sempre o objeto sob uma iluminação constante.

Citamos uma homofonia; daremos um exemplo monódico baseado na mesma ambigüidade: redução estática de uma polifonia que permanece latente.

Exemplo 57

Eu não o analisarei, pois poder-se-á facilmente reconhecer o mesmo ponto de partida teórico que no exemplo precedente. Ao ler estes dois extratos, é fácil compreender como, a partir de uma extrema rigidez de concepção — de uma escrita praticamente canônica — chega-se a uma flexibilidade de realização correntemente considerada uma improvisação flexível, de onde uma sucessão de sentido único se acha totalmente excluída graças a estes retornos irregulares que mudam fundamentalmente a percepção da própria forma canônica.

Eis, agora, um exemplo no qual uma homofonia reveste a aparência de uma polifonia.

Exemplo 58

Suponho que, sendo dada uma monodia, decompomo-la segundo o retorno das mesmas alturas; teremos, assim, quatro vezes a nota *ré* ♮ (a 1, a 2, a 3, a 4), duas vezes a nota *dó* ♮ (b 1, b 2), etc. Admitamos que, por um procedimento local, cujo método não descreverei aqui — isto nos levaria fora deste propósito —, atribuo a todos os ré uma mesmo organização, a todos os dó uma organização derivada, etc. Tomemos por organização de densidade variável aquela que apresentamos no exemplo 59.

Exemplo 59

O exemplo 60 mostra como cada *ré* da monodia se acha comentado simultaneamente por objetos puramente verticais, prolongando-se sua duração até o fim

Exemplo 60

da frase marcada pelo último *ré*. Imaginemos para cada altura organismos complementares similares, destinados a comentá-los, um dos quais se manifesta por uma disposição horizontal, e estritamente limitada à duração da altura na monodia, etc. Quando se sucederem e se emaranharem todos os comentários nota por nota da monodia, uma impressão de polifonia se destacará, desmentida, entretanto, pela coincidência, respeitada sem exceção, com os termos da monodia. Acrescer-se-á esta ambigüidade de percepção suprimindo a monodia, explícita neste exemplo: ela só voltaria a aparecer na estrutura geral em estado virtual.

Quanto às combinações dos diferentes estados, elas já apareceram no decorrer de nossos exemplos; basta precisá-las. Se retomarmos o exemplo 48, o original A é amplificado por uma homofonia B; a heterofonia C funciona, por conseguinte, sobre uma homofonia. Da mesma maneira, em nosso último exemplo, a monodia é a redução de uma polifonia — o que explica os retornos e a seleção tão restrita das alturas; este exemplo 60 mostra, em aparência, uma polifonia enxertada numa monodia: na realidade, trata-se de uma homofonia deduzida de uma polifonia. Todas as categorias são assim levadas a entrar num jogo de perspectivas de que cada uma extrai uma nova individualidade. Encaradas sob este ângulo, as noções de vertical, de horizontal, de vozes, de acorde, não estão mais claramente delineadas como anteriormente, elas se cercam de franjas, o que decuplica suas possibilidades. A partir daí, uma técnica de desenvolvimento nasce, fundada não menos solidamente que a antiga, sem ter mais que destorcer meios ultrapassados para fins de renovação.

Uma última questão se coloca a respeito dos encadeamentos das diversas estruturas, quer sejam de um mesmo tipo, ou de tipos diferentes; queremos, por outro lado, mencionar tanto os encadeamentos de ponta a ponta quanto os encadeamentos por "telhadura" nos quais o fim de uma estrutura recobre o começo de uma outra. O controle a efetuar será puramente local se as estruturas forem destinadas sempre ao mesmo encadeamento, isto é, quando elas estão fixadas em seu lugar de uma vez por todas, prendendo-se, no começo e no fim, a outras estruturas fixas; acontece o oposto em presença de estruturas móveis, com as quais se deve operár sobre as famílias de elementos destinados a se corresponder. Ouve-se dizer, freqüentemente, a respeito das organizações móveis, que suas relações são impossíveis de prever em sua totalidade e que, por conseguinte, não se pretenderia, a não ser por presunção, *saber* se elas se

139

encadeiam bem ou não; de fato, a maior parte das obras que confiam nas estruturas móveis mostram pouca preocupação com respeito a esta importante questão, e os encadeamentos deixados ao livre arbítrio são ora bons ora maus segundo o acaso de encontros por demais... arriscados. A considerar o problema seriamente, não resta nenhuma dúvida de que, preenchendo certas condições, famílias podem se encadear com outras famílias de estruturas sem que haja precisamente necessidade de controlar cada uma das uniões: basta escolher um critério geral de encadeamento que eliminará todos os outros. Vamos desenvolver este método.

O controle, efetuando-se no interior da própria estrutura, não terá mais necessidade de operar sobre o encadeamento. Convém nos referirmos para isto às duas definições da altura: altura absoluta e altura relativa. Suponhamos que tenhamos de encadear uma família de estruturas A a uma família B; se o fim de A utiliza alturas absolutas inteiramente diferentes das que emprega B, é certo que todos os encadeamentos serão bons pois a zona terminal de todos os A será, obrigatoriamente, complementar da zona inicial de todos os B. Como chegar a isto? Simplesmente pelo emprego de séries defectivas: as estruturas A se basearão nas séries defectivas de uma certa categoria, as estruturas B, nas séries defectivas da categoria complementar.

Quando considero as alturas relativas, admitindo que as séries de alturas absolutas não obedecem a nenhuma lei particular, tomarei cuidado para que estas alturas relativas estejam fixas numa disposição dada e inamovível dos registros para o tempo do encadeamento. Obter-se-ão *nós* de registros ligados ao campo de encadeamento das estruturas, enquanto que, em seu curso respectivo, produzir-se-ão *ventres* de registros. Isto dito, somos livres de criar organizações mistas entre alturas absolutas e relativas. Se a estrutura A apela para uma série defectiva que possui um certo número de sons em comum com a série defectiva que caracteriza B, as notas comuns deverão ter um registro fixo, criar um *nó* parcial na tessitura, não estando os outros sons sujeitos absolutamente a essa necessidade, podendo se dispor segundo qualquer registro. Desta maneira, controlamos interiormente as estruturas A e B, de ma-

140

neira a que elas não observem senão bons encadeamentos.

Fora dessa eventualidade, uma colocação contrastada facilita o trabalho de controle externo, referindo-se a diferenças de pregnância e de escrita. Encadear uma família A que termina por "blocos" a uma família B que começa igualmente por "blocos", é uma tarefa relativamente fácil: as precauções de escrita são mínimas, visto a pregnância de cada bloco; dever-se-á simplesmente verificar os registros extremos de cada bloco inicial ou final. Da mesma forma, uma família A que termina por "pontos" se encadeará mediante as mesmas precauções a uma família B que começa por "blocos", e vice-versa. Em resumo, a diferença de pregnância das estruturas com relação a seus constituintes criará uma divergência de atração suficientemente forte para validar seu encadeamento.

Mas existe o caso de estruturas de pregnância idêntica, e concebidas independentemente uma da outra; então, o controle se exercerá individualidade por individualidade; ele acarretará, por isso mesmo, ajustamentos necessários à coesão do encadeamento.

Estes diferentes métodos se aplicam, bem entendido, às simultaneidades de estruturas assim como aos deslizamentos efetuados em superposições. A fim de que uma estrutura seja suscetível de se sobrepor a uma outra, é preciso que ela respeite em sua totalidade, desta vez, às regras que acabamos de enunciar; se quisermos encarar um deslizamento das estruturas, estas regras deverão ser respeitadas para o campo de tempo onde está destinado a se produzir o deslizamento na superposição.

A variabilidade do tempo numa estrutura dada não merece menor cuidado. Parece que algumas vezes se perdem de vista certos dados elementares, a ponto de procedimentos, em si bons, parecerem maus, unicamente por sua aplicação defeituosa. A variação do tempo, com efeito, produz sobre as estruturas múdanças de sentido, por vezes consideráveis; no que diz respeito ao tempo, as estruturas estão à prova, um pouco como maquetes que se colocam sob túnel aerodinâmico, dentro de correntes de ar de grande velocidade... Elas se deformam, sofrem torções de toda espécie, re-

141

sistem... ou não resistem! As relações internas das estruturas, para lá de certos limites, se acham radicalmente abaladas: a velocidade impede toda articulação detalhada e colmata a estrutura, comprimindo-a (supondo que ela seja ainda executável); a lentidão causa o enfraquecimento das articulações, ela distende, desloca a estrutura. Uma estrutura em que as durações estão sutilmente diferenciadas não poderá sofrer um tempo rápido; inversamente, uma estrutura em que os valores serão analisados por uma unidade de subdivisão não suportará um tempo lento: além da unidade analítica, será impossível reconstituir o valor métrico, pois tomar-se-á por valor métrico esta unidade regular analítica. Em estruturas suscetíveis somente de um tempo estabelecido, ater-nos-emos, portanto, a modificações deste tempo de base, capaz de mudar a *inclinação* de uma estrutura, mas inapta para lhe tirar o sentido. Suportarão transformações extremas de tempo as estruturas que apelarem para um número restrito de durações diferenciadas, movendo-se e renovando-se no interior de um *ambitus* médio, indicando a relação dos tempos extremos por razão inversa, a relação das durações extremas (incidentalmente, o mesmo ocorre para a dinâmica).

Termo Provisório

Chegamos ao fim de nossa investigação sobre a técnica propriamente dita, no limiar da forma. Dedicamo-nos sucessivamente à definição da série, depois à sua descrição e ao seu modo de emprego; estudamos, em seguida, a que universo sonoro a série aplicava suas funções; em suma, esboçamos uma morfologia. Daí, passamos ao esboço de uma sintaxe, ao estudar a caracterologia das estruturas, extrínseca e intrínseca. Entretanto, não é inútil lembrar que o trabalho de composição propriamente dito começa agora, ali onde se crê, em geral, não haver senão aplicações a encontrar; a todos esses métodos é preciso dar um *sentido*.

Não nos equivoquemos, por conseguinte sobre o alcance do estudo empreendido neste capítulo; que não o consideremos, absolutamente, como um livro de receitas, a partir do qual poder-se-á "fabricar". Eu me elevei, progressivamente, do nível elementar até o plano mais geral para melhor mostrar que não estabelecia um catálogo de procedimentos mais ou menos rentaveis, mas, entregando-me a uma investigação metódica do universo musical, deduzindo conseqüências múltiplas de um certo número de pontos de partida racionais, tentei construir um sistema coerente. Mais que as aquisições propriamente ditas, que constituem sua origem ou sua conseqüência, são os métodos de investigação e a pesquisa de um sistema coerente que considero indispensáveis para fundar toda criação. Que não me venham objetar, por outro lado, que uma semelhante tentativa conduz à aridez, que ela mata toda fantasia, toda inspiração — já que é preciso pronunciar esta palavra fatídica. Longe de ver na busca de um método, no estabelecimento de um sistema, tão-somente um dessecamento das faculdades, vejo-o, ao contrário, como a forma mais poderosa da invenção, em que a imaginação desempenha um papel capital, determinante. Não é, certamente, uma originalidade de pensamento de minha parte, pois há muito tempo que, para a poesia, foi formulada esta reivindicação, de que a inteligência deve participar na elaboração. Esta oposição entre "lucidez" e "gênio", há um século que Baudelaire a suplantou, e em que termos! A criação, segundo ele, não podia senão se regrar na inteligência da poesia: "lamento os poetas, escrevia ele, cujo único guia é o instinto; creio-os incompletos... É impossível que um poeta não contenha um crítico". Acreditamos que, em música, é tempo de adotar esta posição. A "técnica" não é, com efeito, este peso morto que temos de arrastar se quisermos ter uma garantia da perenidade. Ela é este espelho exaltante em que a imaginação se forja, e que lhe devolve suas próprias descobertas; a imaginação, quando ela inventa, não poderia se apoiar, sem arriscar-se à fraqueza, apenas sobre o "instinto", como o sublinha Baudelaire. Deste instinto, provou-se muitas vezes que, tal como o cuco, ele põe seus ovos no ninho dos outros... Que nossa imaginação aguce nossa inteligência, e que nossa inteligência assegure nossa imaginação: sem esta reciprocidade de ação, a investigação tem todas as probabilidades de ser quimérica. Eis por que, antes de abordar a forma, tentamos realizar uma síntese da técnica atual, para poder agir em plena cons-

143

ciência e liberdade: longe de nos tornar pesados, esta bagagem vai nos servir de viático e nos *provocar* à especulação. Repetiu-se várias vezes: a música é uma ciência tanto quanto uma arte; quem poderá fundir essas duas entidades no mesmo cadinho, senão a Imaginação, esta "rainha das faculdades"!

BIOGRAFIA

1925   Nasce em Montbrison (Loire).

1941   Um ano de matemática especial em Lyon.

1942   Entra para o Conservatório. Segue os cursos de Olivier Messiaen e de Mme Vaurabourg-Honegger.

1946-56 É diretor da música de cena na Companhia Jean-Louis Barrault-Madeleine Renaud. Fará, com esta companhia, várias *tournées*.

1948   Primeira versão de *Soleil des Eaux*, "espetáculo, para uma rede de pescadores", criado pela Radiodifusão Francesa.

1950   Criação da *Segunda Sonata* para Piano por Yvonne Loriod na Sala da Ecole Normale, em Paris.
Criação em Paris de *Soleil des Eaux* pela Orquestra Nacional sob a direção de Roger Désormière.

145

1951   Criação em Donaueschingen de *Polyphonie* para dezoito instrumentos pela orquestra do Südwestfunk, sob a direção de Hans Rosbaud.

1952   Criação, em Paris, no quadro da Obra do Século XX, de *Structures* para dois pianos (a primeira estrutura do primeiro livro) por Olivier Messiaen e o autor.

1954   Fundação de Concertos do Domínio Musical.

1955   Criação em Baden-Baden de *Marteau sans Maître* pela orquestra de Südwestfunk, sob a direção de Hans Rosbaud.
Criação em Donaueschingen do *Livre pour quatuor* pelo Quarteto Marschour.
Música de cena para a *Orestie*, criada no Festival de Bordeaux pela companhia Jean-Louis Barrault-Madeleine Renaud.

1957   Criação em Colônia de *Visage Nuptial* pelos coros e orquestra do Westdeutscher Rundfunk, sob a direção do autor.
Criação em Darmstadt da *Terceira Sonata* para piano pelo autor.

1958   Criação, em Hamburgo, de *Deux Improvisations sur Mallarmé* pelos solistas do Norddeutscher Rundfunk, sob a direção de Hans Rosbaud.
Criação em Paris de *Doubles* pela Orquestra dos Concertos Lamoureux, sob a direção do autor.
Criação em Donaueschingen de *Poésie pour pouvoir* pela orquestra do Südwestfunk, sob a direção de Hans Rosbaud e do autor.

1959   Fixa-se em Baden-Baden, chamado pelo Südwestfunk.

1960-63   Professor de composição na Academia de Música de Basiléia.

1960   Criação em Colônia de *Pli Selon Pli* (*Portrait de Mallarmé*) pela orquestra do Südwestfunk, sob a direção do autor.

1962   Criação em Donaueschingen de *Structures* para dois pianos (segundo livro) por Yvonne Loriod e o autor.
Professor convidado em Harvard: estudos musicais sobre o século XX.

1963   Criação pela primeira vez no Opéra de Paris de *Wozzeck* de Alban Berg sob a direção musical de Pierre Boulez.

MUSICOGRAFIA

AMPHION, Paris.

Première Sonate, para piano (1951).
Sonatine, para flauta e piano (1954).

HEUGEL & Cia., Paris

Deuxième Sonate, para piano (1950).
Le Soleil des Eaux, sobre um texto de René Char (partitura de bolso e transcrição para vozes e piano) (1959).
Polyphonie para 18 instrumentos solistas (no prelo)
Le Visage Nuptial, sobre um texto de René Char (no prelo)
Oubli, signal lapidé, para coro (no prelo)
Livre pour quatuor (no prelo).

EDIÇÃO UNIVERSAL

Le Marteau sans Maitre, sobre textos de René Char.

Primeira edição em *fac-simile* (1954).
Edição definitiva gravada (1957).

Structures para dois pianos (1956).
Improvisation sur Mallarmé I (1958).
Improvisation sur Mallarmé II (1958).
Dois movimentos da *Troisième Sonate* para piano:

Trope (1961).
Constellation-Miroir (1963).

Poésie pour pouvoir sobre um texto de Henri Michaux (no prelo).
Doubles para orquestra (no prelo)
Pli selon Pli (Portrait de Mallarmé) (no prelo).
Structures para piano (segundo livro) (no prelo)
Troisième Sonate para piano (no prelo)
Marges (no prelo)

DISCOGRAFIA

(Esta discografia comporta apenas as obras de Pierre Boulez gravadas até hoje. Pierre Boulez gravou, igualmente, numerosos discos como maestro.)

Le Marteau sans Maître, Vega nº C 35 A 67
versão integral. (Gravação feita durante o Concerto do Petit Marigny, temporada de 1956. Direção: Pierre Boulez.)

Le Marteau sans Maître. Vega nº C 30 A 66
extratos com *Incontri* de Luigi Nono, *Kontrapunkte* de Karlheinz Stockhausen e *Symphonie*, Opus 21 de Anton Webern.

Le Marteau sans Maître, Philips 1488
versão integral sob a direção de Robert Craft com *Zeitmasse* de Karlheinz Stockhausen.

Sonatine para flauta e piano. Vega nº C 30 A 139
interpretada por Severino Gazzelloni e David Tudor com *Serenata* para flauta e 14 instrumentos de Luciano Berio, *Zeitmasse* de Karlheinz Stockhausen e *Canteyodjayâ* para piano de Olivier Messiaen.

Deuxième Sonate para piano.
Terceiro e quarto movimentos tocados por Marcelle Mercenier. Disco Heugel não-comercial oferecido em 1959 como presente de Natal a todas as personalidades musicais da França e do estrangeiro.

Deuxième Sonate para piano. Vega C 30 A 309
interpretada por Yvonne Loriod com *Variations*, Opus 27, de Anton Webern e a *Sonate* de Alban Berg.

Structures para dois pianos (primeiro livro). Vega C 30 A 278
Interpretadas por Alfons e Aloys Kontarsky com *Mobile* de Henri Pousseu, *Sextuor* de Maurício Kagel e *Klavierstück 6 de Karlheinz Stockhausen*.

Étude II (música eletrônica). Barclay 89 005
num disco intitulado *Premier Festival de l'Art d'Avant-garde*.

MÚSICA NA PERSPECTIVA

- *Balanço da Bossa e Outras Bossas* – Augusto de Campos (D003) ▪
A Música Hoje – Pierre Boulez (D055) ▪ *Conversas com Igor Stravinski* –
Igor Stravinski e Robert Craft (D176) ▪ *A Música Hoje 2* – Pierre
Boulez (D217) ▪ *Jazz ao Vivo* – Carlos Calado (D227) ▪ *O Jazz como
Espetáculo* – Carlos Calado (D236) ▪ *Artigos Musicais* – Livio
Tragtenberg (D239) ▪ *Caymmi: Uma Utopia de Lugar* – Antonio
Risério (D253) ▪ *Indústria Cultural: A Agonia de um Conceito* – Paulo
Puterman (D264) ▪ *Darius Milhaud: Em Pauta* – Claude Rostand
(D268) ▪ *A Paixão Segundo a Ópera* – Jorge Coli (D289) ▪ *Óperas e
Outros Cantares* – Sergio Casoy (D305) ▪ *Filosofia da Nova Música* –
Theodor W. Adorno (E026) ▪ *O Canto dos Afetos: Um Dizer Humanista* –
Ibaney Chasin (E206) ▪ *Sinfonia Titã: Semântica e Retórica* – Henrique
Lian (E223) ▪ *Música Serva d' Alma: Claudio Monteverdi* – Ibaney
Chasin (E266) ▪ *A Orquestra do Reich* – Misha Aster (E310) ▪ A Mais
Alemã das Artes – Pamela M. Potter (E327) ▪ *Para Compreender as
Músicas de Hoje* – H. Barraud (SM01) ▪ *Beethoven: Proprietário de
um Cérebro* – Willy Corrêa de Oliveira (SM02) ▪ *Schoenberg* – René
Leibowitz (SM03) ▪ *Apontamentos de Aprendiz* – Pierre Boulez (SM04)
▪ *Música de Invenção* – Augusto de Campos (SM05) ▪ *Música de Cena* –
Livio Tragtenberg (SM06) ▪ *A Música Clássica da Índia* – Alberto
Marsicano (SM07) ▪ *Shostakóvitch: Vida, Música, Tempo* – Lauro
Machado Coelho (SM08) ▪ *O Pensamento Musical de Nietzsche* –
Fernando de Moraes Barros (SM09) ▪ *Walter Smetak: O Alquimista dos
Sons* – Marco Scarassatti (SM10) ▪ *Música e Mediação Tecnológica* –
Fernando Iazzetta (SM11) ▪ *A Música Grega* – Théodore Reinach
(SM12) ▪ *Estética da Sonoridade* – Didier Guigue (SM13) ▪ *O Ofício do
Compositor Hoje* – Livio Tragtenberg (org.) (SM14) ▪ *Música: Cinema
do Som* – Gilberto Mendes (SM15) ▪ *A Ópera Barroca Italiana* –
Lauro Machado Coelho (HO) ▪ *A Ópera Romântica Italiana* – Lauro
Machado Coelho (HO) ▪ *A Ópera Italiana após 1870* – Lauro Machado
Coelho (HO) ▪ *A Ópera Alemã* – Lauro Machado Coelho (HO) ▪
A Ópera na França – Lauro Machado Coelho (HO) ▪ *A Ópera na
Rússia* – Lauro Machado Coelho (HO) ▪ *A Ópera Tcheca* – Lauro
Machado Coelho (HO) ▪ *A Ópera Clássica Italiana* – Lauro Machado
Coelho (HO) ▪ *A Ópera nos Estados Unidos* – Lauro Machado Coelho
(HO) ▪ *A Ópera Inglesa* – Lauro Machado Coelho (HO) ▪ *As Óperas de
Richard Strauss* – Lauro Machado Coelho (HO) ▪ *O Livro do Jazz: De
Nova Orleans ao Século XXI* – Joachim E. Berendt e Günther Huesmann
(LSC) ▪ *Rítmica* – José Eduardo Gramani (LSC) ▪

Este livro foi impresso na cidade de Cotia,
nas oficinas da MetaBrasil, para a Editora Perspectiva.